Auxiliando a humanidade a encontrar a Verdade

Presença Alienígena na Lua

© 2016 Marco Antonio Petit

Presença Alienígena na Lua
Marco Antonio Petit

Todos os direitos desta edição reservados à
CONHECIMENTO EDITORIAL LTDA.
Rua Prof. Paulo Chaves, 276 — Vila Teixeira
Marques
CEP 13485-150 — Limeira-SP
Fone: 19 3451-5440
www.edconhecimento.com.br
vendas@edconhecimento.com.br

Nos termos da lei que resguarda os direitos autorais, é proibida a reprodução total ou parcial, de qualquer forma ou por qualquer meio — eletrônico ou mecânico, inclusive por processos xerográficos, de fotocópia e de gravação —, sem permissão, por escrito, do editor.

Capa e projeto gráfico: Sérgio F. Carvalho
Imagem da capa: NASA - Lunar Reconaissance Orbiter (LRO)

ISBN 978-85-7618-372-3
1ª EDIÇÃO — 2016

• Impresso no Brasil • Presita en Brazilo

Produzido no departamento gráfico da
CONHECIMENTO EDITORIAL LTDA
Rua Prof. Paulo Chaves, 276 — CEP 13485-150
Fone/Fax: 19 3451-5440 — Limeira — SP
conhecimento@edconhecimento.com.br

Dados Internacionais de Catalogação na Publicação (CIP)
(Angélica Ilacqua CRB-8/7057)

Petit, Marco Antonio
Presença Alienígena na Lua / Marco Antonio Petit — Limeira, SP : Editora do Conhecimento, 2016.
102 p.

ISBN 978-85-7618-372-3

1. Seres extraterrestres - Lua 2. Vida em outros planetas 3. Contatos com extraterrestres I. Título.

| 16-0694 | CDD — 001.942 |

Índices para catálogos sistemático:
1. Ufologia

Marco Antonio Petit

Presença Alienígena na Lua

1ª edição
2016

EDITORA DO CONHECIMENTO

Outras obras do autor:

Os Discos Voadores e a Origem da Humanidade
(1990)

Terra
Laboratório biológico extraterrestre (1998)

Contato Final
O dia do reencontro (2003)
EDITORA DO CONHECIMENTO

UFOs, Espiritualidade e Reencarnação
A interação da presença extraterrena e a evolução da humanidade (2004)
EDITORA DO CONHECIMENTO

OVNIs na Serra da Beleza
Uma jornada pessoal em busca do contato (2006)
EDITORA DO CONHECIMENTO

UFOs: Arquivo Confidencial
Um mergulho na ufologia militar brasileira
(2007)

Marte
A verdade encoberta
(2012)
EDITORA DO CONHECIMENTO

Varginha
Toda verdade revelada
(2014)

Presença Alienígena na Lua
(2016)
EDITORA DO CONHECIMENTO

Dedico este livro, com muito amor, à minha filha Jeane e ao meu filho Fernando, que partilham comigo este momento especial de nossa humanidade, quando estamos começando a descobrir que, muito mais perto do que poderíamos imaginar, ao alcance de nossos olhos, existe um mundo onde a vida, em seu mais alto nível de manifestação, demonstra que o destino das civilizações emergentes no Universo não precisa ser a destruição, mas a perpetuação por todo o Cosmos do poder criador.

Agradeço todo o apoio recebido do empresário e professor Wilson Picler, sem o qual este livro ainda estaria para ser finalizado. Mais uma vez fui agraciado com sua atenção e reconhecimento por minhas atividades ufológicas.

O mesmo digo em relação ao meu editor e amigo Sérgio Carvalho, por seu apoio nos momentos finais de sua redação e por continuar acreditando no sentido de meu trabalho, editando meu nono livro, o quinto publicado pela **EDITORA DO CONHECIMENTO**.

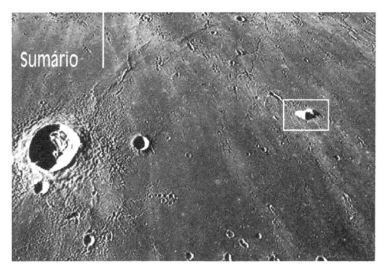

Sumário

Introdução 11
1. Fenômenos lunares transitórios 20
2. As primeiras missões lunares 31
3. Os norte-americanos chegam à Lua 35
4. A constatação de uma realidade perturbadora 58
5. A missão Clementine e seus segredos 79
6. As missões Lunar Reconaissance Orbiter
e Lunar CRater Observation and Sensing Satellite 92

Introdução

Palavras Necessárias

Na noite de 2 de julho de 1947, ocorreu algo que iria mudar de maneira definitiva a História de nossa humanidade. Nas proximidades da pequena cidade de Roswell, no estado do Novo México, Estados Unidos da América (EUA), uma nave alienígena se precipitaria contra o solo da nação mais poderosa do planeta. Como é hoje do conhecimento daqueles envolvidos com a ufologia mundial, a queda, ou acidente com o UFO, ocorreu em meio a uma grande onda de aparições que cobria a nação, e, de início, havia sido confirmada oficialmente pelo comando da base militar de Roswell, a única na época no mundo a manter um esquadrão de bombardeios com armas nucleares. Como também se sabe, logo após as primeiras horas da expedição de um *release* oficial admitindo que os militares da Força Aérea do Exército (não existia ainda a United States Air Force – USAF) estavam de posse de fragmentos de um disco voador, teve início um processo de acobertamento, com sigilo total, com a divulgação de que a nave alienígena seria apenas um balão meteorológico, do mesmo tipo dos que a base lançava com frequência. Independentemente do desmentido oficial, a verdade é que, pela primeira vez na história, o governo dos Estados Unidos estava de posse não só de provas definitivas de uma alta tecnologia

Na noite do dia 25 de fevereiro de 1942 um objeto voador não identificado começou a sobrevoar a Califórnia e se aproximou de Los Angeles sendo apanhado pelos holofotes antiaeronaves postados junto com a artilharia pesada do Exército dos EUA, que abriu fogo contra o aparelho. Estávamos na Segunda Guerra Mundial, e os norte-americanos temiam ser atacados em seu próprio território. Essa foto documentando o UFO em forma de disco, e as explosões à sua volta dos disparos feitos pelo fogo antiaério foi obtida e publicada pelo *Jornal Los Angeles* Time (Crédito da image: jornal *Los AngelesTime*. Arquivo Petit).

espacial, de origem claramente extraterrestre, como ainda da tripulação vitimada, supostamente morta.

Poucos dias antes, em 24 de junho, o piloto norte-americano Kenneth Arnold, ao sobrevoar com seu avião a região do monte Rainier, no estado de Washington, tinha tido o seu famoso avistamento, o qual recebera ampla cobertura da mídia nacional e mesmo internacional. Não há dúvida de que a nota oficial confirmando a queda do UFO em Roswell, transformando a realidade da presença de discos voadores e seus tripulantes em um fato mundial, produziu um alerta mais do que especial quanto aos perigos de se admitir que nosso planeta estivesse sendo visitado por extraterrestres. Em contrapartida, o governo norte-americano deu origem ao mais aprofundado processo de acobertamento de sua história, ao mesmo tempo em que passou a investir secretamente em um amplo processo de investigação daquela presença. As manobras de sigilo, principalmente em relação ao Caso Roswell, tiveram êxito, e o caso só voltaria a ser levado a sério trinta anos depois, quando o militar que havia comandado o recolhimento dos primeiros destroços do veículo alienígena, pouco antes de sua morte, aceitou falar abertamente sobre o episódio, dando origem a uma sequência de depoimentos de outros envolvidos com a história.

Independentemente do sucesso inicial do acobertamento que se espalhou pelo mundo, à medida que os governos de outras potências mundiais se viam frente ao mesmo fenômeno, devido a outras aparições de discos voadores, surgiam não só adeptos da realidade da presença extraterrena como também grupos civis de investigação nessas nações que desenvolviam estudos paralelos aos realizados por organizações geralmente militares dos principais países. Não há dúvida de que tais estudos e pesquisas aconteciam, como ainda hoje, no interior, principalmente, da estrutura das forças aéreas de várias nações, inclusive porque era esse tipo de organização que, muitas vezes, entrava em contato direto no espaço aéreo de cada país com UFOs.

Com o passar dos anos, após a queda de Roswell, marco definitivo da política de sigilo e acobertamento mundial, apesar de todas as tentativas de sepultar o assunto, principalmente nos Estados Unidos, sucessivos avistamentos, alguns envolvendo formações de discos voadores sobre grandes centros populacionais em várias partes do planeta, inclusive no Brasil, progressivamente foram deixando claro para um número maior de pessoas que o fenômeno UFO, ou a presença de naves alienígenas se movimentando em nossa atmosfera, era algo mais do que uma polêmica, era um fato inquestionável, cuja importância podia ser medida pelos esforços em se manter o assunto longe de uma abordagem oficial, séria e responsável. Esse processo de acobertamento, vez por outra, entretanto, era abalado por iniciativas pontuais de algumas nações, como aconteceu em nosso país no início da década de 1950, quando militares que ocupavam cargos elevados na hierarquia militar pronunciaram-se a respeito do tema, garantindo que o assunto era sério e estava sendo tratado com discrição e mesmo sigilo, devido às suas implicações. Afinal, a questão alienígena afetava potencialmente toda a es-

O piloto norte-americano Kenneth Arnold, que poucas semanas depois da queda do UFO em Roswell observou durante um voo na região do Monte Rainier, no estado de Washington uma formação de vários objetos voadores não identificados. Seu avistamento marcou o início da chamada "Era Moderna dos Discos Voadores" (Arquivo Petit).

trutura de nossa sociedade e atingia frontalmente as religiões, as questões relacionadas à soberania das nações sobre o espaço aéreo e, por que não dizer, a estrutura de poder em sentido amplo e em escala mundial. Afinal, a nação que conseguisse absorver parte da tecnologia extraterrestre poderia dominar o planeta de maneira definitiva. Isso para não citarmos a situação supostamente de perplexidade que poderia ser gerada na população, com potencial pânico, se oficialmente fosse admitido, em escala mundial, que nosso planeta estava sendo alvo do interesse de uma ou mais civilizações alienígenas, cuja tecnologia parecia magia frente a nossos olhos.

Perplexidade e incerteza

Se os extraterrestres tivessem algum tipo de interesse negativo, ou de invasão e dominação de nosso planeta, nada poderíamos fazer a esse respeito. Nesse contexto, já com a ideia de se alcançar, mediante estudos ufológicos, a chamada engenharia reversa, utilizando os destroços das naves acidentadas e recolhidas (Roswell não foi o único caso de queda ou acidente envolvendo UFO), o sigilo foi estabelecido de maneira definitiva.

Nos primeiros anos da chamada era moderna dos discos voadores, iniciada com o caso do piloto Kenneth Arnold, havia ainda a esperança, por parte de alguns – e isso era utilizado nas campanhas de acobertamento, inclusive pelos responsáveis pelos estudos mais sérios nessa área – de que houvesse uma explicação que deixasse de lado a tese de visitas ou contato com outras civilizações cósmicas. Entretanto, bastou o homem chegar ao espaço para que ficasse claro o que se tentava esconder: a humanidade, mais cedo ou mais tarde, teria de conviver com a verdade sobre a presença alienígena.

Mesmo antes do dia 4 de outubro de 1957, quando os soviéticos lançaram da base de Baikonur seu primeiro satélite artificial, o Sputnik, colocando-o em órbita, aparelhos não identificados haviam sido detectados evoluindo além da atmosfera terrestre, a centenas de quilômetros acima da superfície do planeta.

UFOs se aproximam do planeta

A primeira dessas descobertas aconteceu no ano de 1953, quando a recém-criada USAF, a força aérea norte-americana, começou a utilizar um modelo de radar que possibilitava a detecção de alvos a distâncias superiores às conseguidas até então. Procediam-se aos primeiros testes, quando técnicos e militares captaram um objeto de grandes dimensões evoluindo sobre a região equatorial da Terra, a uma altura de 600 milhas. Sua velocidade foi estimada em torno de 18 mil milhas por hora. Pouco depois, outro objeto entrava na órbita do planeta, a uma altitude estimada em 400 milhas. A partir dessas ocorrências, foi criado em White Sands, Novo México, em caráter de emergência, um projeto supostamente para a detecção de satélites. O descobridor do planeta Plutão, o astrônomo Clyde Tombaugh, um dos poucos de sua área a declarar publicamente ter visto UFOs, foi curiosamente convidado para dirigir os estudos, que teriam a supervisão da Ordinance Research do exército norte-americano.

A explicação oficial aprovada pelo Pentágono para divulgação pública afirmava que as Forças Armadas estavam pesquisando pequenas luas, objetos naturais que tinham chegado do espaço e entrado em órbita de nosso planeta. Em 1955, entretanto, a Casa Branca recebia a informação de que um dos objetos havia passado a evoluir em órbita mais baixa – 50 km mais próximo –, enquanto o outro simplesmente desaparecera, deixando as vizinhanças de nosso planeta. Não havia a menor

Nos primeiros testes com um novo radar da USAF em 1953 começaram a ser detectados objetos gigantesco se aproximadando, e manobrando nas proximidades de nosso planeta. A partir dessas ocorrências, foi criada em White Sands, no Novo México, em caráter de urgência, um projeto para detecção e monitoramento desses objetos (Arquivo Petit).

dúvida, nessa época, de que estávamos diante de artefatos controlados por alguma forma de inteligência. É evidente que a ideia de objetos naturais entrando em órbita da Terra foi algo apenas para consumo do público.

O Comitê de Segurança Nacional, intimado pelo então presidente Eisenhower, aventava a possibilidade de se tratar de artefatos lançados pelos soviéticos, o que em nada servia para acalmar os ânimos. Afinal, se eles já detinham tecnologia para colocar em órbita artefatos daquele tamanho, os Estados Uni-

O astronomo Clyde Tombaugh, descobridor do planeta Plutão, que foi recrutado pelo Exército dos EUA para participar das pesquisas realizadas sobre a aproximação de objetos voadores gigantescos de nosso planeta no início da década de 50 (The Telegraph. Arquivo Petit)

No dia 4 de outubro de 1957 é lançado nosso primeiro satélite artificial pelos soviéticos, o Sputinik, e nossas atividades espaciais passam a ser monitoradas por forças alienígenas (Arquivo Petit).

dos estavam realmente em grande perigo, pois a tensão entre os dois blocos já era preocupante naqueles tempos. Entretanto, aqueles objetos detinham um nível de tecnologia muito além da capacidade soviética, como dois anos depois foi confirmado, quando, finalmente, deu-se o lançamento do primeiro satélite por parte dos comunistas: um pequeno objeto metálico. Desde 1953, outros objetos de origem interplanetária passaram a ser detectados orbitando nosso planeta, ou, simplesmente, dele se aproximando, para logo desaparecerem e não mais serem vistos. Nesse contexto, o programa espacial norte-americano passou a ser desenvolvido com a certeza de que iríamos encontrar "alguém". A órbita de nosso planeta, e mesmo a Lua, como vamos ver, já estava ocupada.

Monitoramento das atividades espaciais

A partir do momento em que os primeiros satélites foram colocados em órbita, mas do que continuar a detectar a presença de UFOs em torno do planeta, teve início outro processo. Os veículos espaciais passaram a sofrer acompanhamento e a chegada do homem ao espaço com Yuri Alekseievitch Gagarin, por parte dos soviéticos, em 1960, e do norte-americano John Glenn Jr., em 1962, os astronautas passaram a ser testemunhas dessa realidade. Cada nova espaçonave, cada desenvolvimento de nossas possibilidades, era minuciosamente acompanhado por esses "olhos misteriosos". Paradoxalmente, progressivamente foi sendo estabelecida uma censura cada vez mais objetiva, para manter o que acontecia no espaço longe do conhecimento da população.

Antes mesmo de chegarmos ao espaço, a possibilidade de

O astronauta norte-americano John H. Glenn, o primeiro norte-americano a ser lançado ao espaço no dia 20 de fevereiro de 1962 a bordo da espaçonave Mercury Atlas 6 (Friendship 7). Foi também o primeiro de seu país a presenciar a presença de misteriosos objetos voadores na órbita terrestre (NASA. Arquivo Petit).

contato ou de encontro com artefatos alienígenas era seriamente considerada, o que havia servido para a elaboração de diretrizes e documentos versando sobre o sigilo que deveria ser mantido a respeito do assunto a qualquer custo. Na época, a divulgação desses "encontros" era considerada como fator de desestabilização da sociedade – e estados de perplexidade da população tinham de ser evitados. Vários cenários possíveis, a partir do estabelecimento da verdade, haviam sido considerados, dentre eles, uma potencial subversão total da ordem e das instituições.

Realidade explosiva

Se encontros com UFOs no espaço estavam gerando perplexidade no interior dos setores espaciais das duas superpotências, o passo seguinte foi ainda mais perturbador. Com a sucessão de lançamentos por parte dos Estados Unidos e da então União das Repúblicas Socialistas Soviéticas (URSS), vários desses artefatos (satélites) começaram a apresentar problemas técnicos, o que era algo previsível. O surpreendente é que vários desses artefatos, depois de lançados, pareciam ser objeto de algum tipo de manutenção ou concerto.

Em agosto de 1963, por exemplo, foi realizado em Blacksburg, na Virgínia (EUA), um congresso com os maiores especialistas das ciências espaciais. Um dos objetivos do encontro foi

O satélite norte-americano Telstar 1, que após entrar em pane e ficar inoperante, misteriosamente voltou a funcionar, como se tivesse sofrido uma manutenção corretiva por forças desconhecidas (NASA. Arquivo Petit).

debater os estranhos acontecimentos relacionados aos satélites Firely, Telstar I e Telstar II, que haviam deixado de transmitir em várias ocasiões, para depois voltarem a funcionar normalmente, o mesmo acontecendo com aparelhos soviéticos. O cientista Richard Kershner, da Universidade John Hopkins (EUA), declarava na oportunidade que podíamos pensar que "fantasmas espaciais" estavam dando "uma mão", reparando os problemas dos satélites. Como se sabe, coisas desse tipo continuam acontecendo nos dias de hoje, inclusive com as sondas enviadas aos planetas de nosso sistema solar.

Rumo à Lua

Mesmo antes de Gagarin chegar ao espaço, os soviéticos, que estavam mais adiantados do que os norte-americanos nessa área, começaram a lançar seus primeiros artefatos em direção ao satélite natural da Terra. Nossa história, ou tema principal deste trabalho, começa aqui. O que seria descoberto estava certamente além do esperado. Pelo menos do que poderiam desejar aqueles que controlavam, nos Estados Unidos, não só o processo de estudo da presença e implicações alienígenas como também o sigilo em relação ao assunto.

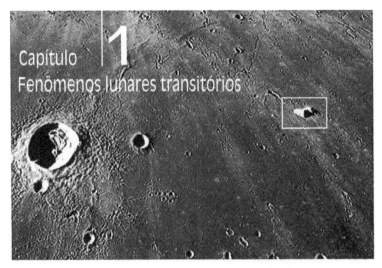

Capítulo 1
Fenômenos lunares transitórios

Na verdade, muito tempo antes do início da era espacial, havia forte suspeita de que algo muito especial se passava na Lua. Desde séculos atrás, astrônomos vinham observando fenômenos inusitados em nosso satélite. A observação telescópica, principalmente a partir do século XVIII, tinha revelado eventos impressionantes, como variação nas dimensões de determinadas crateras; pontos luminosos e escuros, que, não raras vezes, se movimentavam pela superfície ou acima dela; cúpulas, ou domos, que, da mesma forma que surgiam, desapareciam e reapareciam em outros sítios, para depois não mais serem observados; sinais de emanação de gases; formas luminosas de grandes dimensões, que pareciam ocupar vários quilômetros etc. Com o tempo, esses fenômenos passaram a ser rotulados e conhecidos na área da astronomia e, posteriormente, na de pesquisa espacial, como fenômenos lunares transitórios (LTP – Lunar Transient Phenomena). Algo pouco objetivo, mas na medida certa para aqueles que não queriam enfrentar a ideia de estarem estudando abertamente sinais de algum tipo de atividade extraterrestre na Lua.

Outro tipo de realidade relacionada a esses fenômenos foi destacado pelo hoje saudoso astrônomo brasileiro Ronaldo Rogério de Freitas Mourão, com quem tive a oportunidade de aprender bastante sobre astronomia, mediante contatos pes-

O astrônomo William Herschel, um dos mais notáveis de sua época, descobridor do planeta Urano, primeiro presidente da Royal Astronomical Society, foi testemunha direta no século 18 de vários fenômenos misteriosos na superfície lunar, observados mediante seus próprios telescópios (Arquivo Petit).

soais e suas obras (livros). Meu primeiro contato com ele foi telefônico, no dia 24 de novembro de 1973, quando informei a ele que, ao contrário do que a mídia noticiara no Brasil, o cometa Kohoutek não havia se desintegrado. A falsa informação estava baseada, supostamente, nas dificuldades que astrônomos europeus haviam tido para localizar o astro poucas horas antes. Apesar disso, na madrugada daquele dia, eu conseguira observar, com um de meus telescópios, o cometa, exatamente nas coordenadas previstas para aquele dia. Anos depois, vim a participar de vários debates com o referido astrônomo sobre a realidade do fenômeno UFO e as possibilidades de existência de outras civilizações no Universo.

Ronaldo Rogério de Freitas Mourão

Voltando a falar dos fenômenos lunares transitórios, Ronaldo, em seu livro *Da Terra às galáxias*, revela que, em 62 ocasiões, foram registrados pontos brilhantes em áreas da Lua que não estavam recebendo iluminação solar, ou seja, em regiões onde era noite em nosso satélite. Esse tipo de fenômeno, observado com mais facilidade devido à falta de luz solar, evidentemente causou grande interesse em seus observadores e, algumas vezes, devido à intensidade desses focos, certo nível de perplexidade. O quê, ou quem, na superfície de nosso satélite, estaria produzindo tais concentrações de energia luminosa?

O astrônomo Ronaldo Rogério de Freitas Mourão, com quem mantive contatos por meu interesse inicialmente pela astronomia desde minha adolescência (Revista UFO. Arquivo Petit).

Apesar da probabilidade de uma parte minoritária dos fenômenos estar relacionada a algo natural, como algum tipo de atividade sísmica, emanação de gases etc., expressiva parcela das observações era difícil de ser explicada nesse contexto. Na verdade, algumas dessas manifestações foram tão violentas e evidentes, que chegaram a ser observadas mesmo antes de utilizarmos nossos primeiros telescópios. A NASA, curiosamente, um ano antes da primeira missão tripulada à Lua (pouso), disponibilizou, em julho de 1968, um documento no qual reportava centenas dessas ocorrências, que haviam sido notificadas e estudadas (NASA TR R.277). O trabalho, um detalhado estudo cronológico dos eventos lunares anômalos, foi dirigido pela astrônoma norte-americana Bárbara M. Middleburst, da Universidade do Arizona, com a participação de outros profissionais da área, como o astrônomo Jaylee M. Burley, do Goddard Space Flight Center, Bárbara L. Weltber, do Smithsonian Astrophysical Observatory, e Patrick Moore, do Armagb Planetarium, que havia, inclusive, sido testemunha de um desses fenômenos no ano de 1966, na região da cratera Cassini. A mais antiga dessas referências remontava ao ano de 1500, mais de cem anos antes de Galileu ter a oportunidade de vislumbrar a Lua com sua primeira luneta.

Capa do catálogo de Fenômenos Lunares Transitórios disponibilizado pela NASA em 1968, conhecido como NASA TR R.277, englobando fenômenos registrados desde o ano 1500, até ocorrências pouco antes de seu lançamento (NASA. Arquivo Petit).

Esses fenômenos, normalmente, parecem se concentrar em torno de certos sítios ou regiões lunares, como nas áreas das crateras Aristarchus, Copernicus, Kepler, Eratosthenes, Alphonsus, Linné, Tycho, Gassandi, Picard, Grimaldi, Censorinus, Archimedes, Plato, Theophilus, no chamado mar das Crises, nos montes Atlas e Píton etc.

Esse tipo de atividade anômala costuma variar bastante em termos de períodos de duração. Podem se manifestar por apenas poucos segundos, mas algumas dessas ocorrências puderam ser observadas por várias horas, surpreendendo pesquisadores, astrônomos etc.

Interesse antigo

Meu interesse pelos fenômenos lunares transitórios não é algo recente. Recordo, perfeitamente, quando era pouco mais

A cratera Linné, no Mar da Serenidade, que tem sido alvo de muita controvérsia e debates devido os fenômenos misteriosos associados a ela. Além de uma suposta variação de diâmetro observada progressivamente no século 18, que hoje é estimado em cerca de de 2,2 km pela agência espacial norte-americana, foram relatados também fenômenos luminosos de curta duração e variações de coloração, ainda sem explicação (NASA-Apollo 15. Arquivo Petit).

que um adolescente, que já me dedicava às observações do céu por meio de meus telescópios. Nessa época, já profundamente interessado pela ufologia, percebi o potencial de ligação entre as duas áreas. Tinha consciência de que, por trás daquela paisagem nem um pouco hospitaleira, haveria muito mais do que crateras e montanhas. Durante muitas noites, dediquei-me à observação telescópica de nosso satélite na esperança de ser testemunha de alguma manifestação daqueles misteriosos fenômenos, mas não tive tal privilégio.

Um dos aspectos que mais me havia impressionado na área dos fenômenos lunares transitórios foi a suposta variação de diâmetro da cratera Linné no chamado mar da Serenidade, que teria sido verificada no século XIX. Ainda hoje, quando observo a Lua com meu telescópio Celestron, que permite ampliações de até quinhentas vezes, é rara a vez que não lanço o olhar em sua direção.

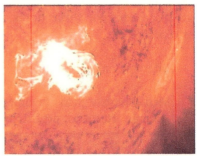

Apesar das tentativas de se explicar as manifestações luminosas no solo lunar por meio das variações na atividade de nosso Sol, existem vários aspectos ligados a essa fenomenologia, que descartam essa possibilidade, ou explicação (NASA. Arquivo Petit).

Além de seu diâmetro estimado na atualidade ser inferior ao mensurado antes do início do suposto processo de variação, a referida cratera, como se observa em imagens mais recentes obtidas por veículos espaciais, apresenta ao seu redor uma espécie de anel de poeira branca que não é observado em torno de qualquer outra cratera da região. Essa situação faz com que o conjunto formado pela cratera e o anel de poeira seja visto, a partir de telescópios amadores situados na Terra, como um ponto luminoso, ou esbranquiçado, dando a impressão de que a cratera não mais existe. A ideia atual de alguns astrônomos é que a referida variação teria sido algo ilusório. Para mim, é difícil levar a sério tal conjectura. Além de menosprezar os profissionais do passado, o referido fenômeno foi observado ao longo de décadas. Ou seja, houve tempo para uma mensuração cuidadosa do fenômeno.

Observações polêmicas, supostamente do mesmo tipo de fenômeno, teriam sido associadas à cratera Messier e à sua vizinha, Pickering. Uma explicação para esse tipo de caso seria a presença de inteligências alienígenas como agentes dessas transformações na estrutura e no tamanho dessas crateras.

Objetivando solucionar a gênese dos fenômenos lunares transitórios, foram testadas várias linhas de explicação pelos astrônomos. Entretanto, a maioria das propostas teve de ser abandonada para a maior parte dos casos registrados, até mesmo no que diz respeito às ocorrências que não envolviam diretamente a possibilidade de relacionamento com a atividade alienígena no solo lunar. Entre as explicações infrutíferas, existe a de um possível relacionamento com o impacto de meteoritos (casos de fenômenos mais rápidos) e mesmo uma possível atividade vulcânica, que perdeu força frente os detalhes da maioria das ocorrências.

A respeito de uma das linhas de estudo, que tentava elucidar os casos de luminescência em várias regiões da superfície de nosso satélite como resultantes do bombardeio de prótons provenientes de flares solares ou de radiação ultravioleta, observou o astrônomo Ronaldo Rogério de Freitas Mourão: "Ainda que expliquem qualitativamente os fenômenos, não satisfazem quantitativamente". Outra tentativa, sem resultado, buscou explicação na atividade solar, mais especificamente no número de manchas presentes na superfície do Sol. Outra busca de compreensão desse fenômeno está relacionada à atração exercida por nosso planeta sobre a crosta lunar nos períodos de perigeu, ou seja, máxima aproximação de nosso satélite em relação à Terra.

Com relação ainda à busca de entendimento para esse fenômeno, os astrônomos Kopal e Rackham, ambos do Observatório de Pic-du-Mid, confirmaram, na cratera Kleper, por exemplo, excesso de radiação em vermelho. Na falta de uma explicação convencional ou natural, essa radiação em apenas uma faixa do espectro foi atribuída à luminescência.

Na verdade, o fato de o solo de nosso satélite, em determinadas ocasiões, tornar-se luminoso, é um dos grandes mistérios a ser solucionado.

Calor anômalo

Não podemos deixar de destacar, nessas considerações sobre os fenômenos lunares transitórios, a descoberta feita durante os eclipses totais da Lua, quando todo o disco lunar voltado para a Terra fica sem receber as radiações solares, que nosso satélite não possui uma superfície homogênea em termos de temperatura. Pesquisas realizadas na faixa do infravermelho revelaram a existência de pontos quentes no solo lunar que se destacam em relação a outras regiões, onde há temperaturas compatíveis com o que definiríamos como normais. Do ponto de vista científico, essas anomalias carecem de definição quanto à origem. Em nosso modo de ver, podem estar associadas à geração de energia por quem está de fato ocupando o nosso satélite, seja em sua superfície, ou mesmo em termos do subterrâneo lunar. A ideia de instalações alienígenas não pode deixar de ser considerada como possível explicação para esse tipo de descoberta.

Mistério em Aristarchus

Independentemente da constatação de que essas ocorrências se concentram em determinadas regiões lunares, parece haver clara predominância em determinados sítios ou regiões mais específicas. Entre elas, a campeã parece ser a cratera Aristarchus, que possui cerca de 40 km de diâmetro. Para que se tenha ideia da situação, já foram registradas mais de quatrocentas ocorrências apenas na área dessa cratera, e algumas fazem parte, de maneira indiscutível, dos casos sem explicação. Esse fato envolve mais de quatro-

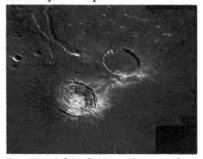

A cratera Aristarchus, a maior nessa imagem, e a esquerda, com cerca de 40 km de diâmetro, é a região mais rica de nosso satélite nos chamados Fenômenos Lunares Transitórios. Durante a missão da Apollo 11, seus astronautas chegaram a observar um fenômeno luminoso de natureza desconhecida no interior dessa cratera, depois de serem alertados por astrônomos, que já estavam observando essas manifestações mediante telescópios em observatórios terrestres (NASA. Arquivo Petit).

centos anos de registros. Um dos primeiros está associado ao astrônomo polonês Johannes Hevelius, considerado o pioneiro no mapeamento da topografia lunar, que, no ano de 1587, constatou a presença de misteriosas manifestações luminosas de cor vermelha em seu interior. Em 1783 e 1787, o astrônomo inglês Sir William Herschel, um dos mais conhecidos da história de nossa astronomia, observou e relatou o aparecimento sucessivo de pontos luminosos na mesma área.

Casos mais recentes

Em 15 de novembro de 1953, o Dr. Leon Stuart, durante suas observações lunares, constatou, mediante seu telescópio refletor, a presença de uma forma luminosa a cerca de 10 milhas da cratera Pallas, situada na região equatorial de nosso satélite. Stuart não só observou o fenômeno como obteve uma das mais importantes imagens que documentam a presença de um LTP. O que chama a atenção nesse caso é a intensidade atingida pela manifestação luminosa, que tinha quilômetros de extensão. Fenômenos desse tipo continuaram a acontecer nos anos seguintes, cada vez mais observados com atenção não só pela agência espacial norte-americana como também pelos grupos que se dedicam diariamente ao seu monitoramento.

Em 1969, por ocasião da missão da Apollo 11, os astrônomos alemães Prusse e Witte, ambos do Observatório de Bochun, o irlandês Terence Moseley, pesquisador do Observatório de Armagh, e cientistas e astrônomos do Observatório Nacional do Rio de Janeiro, alertaram, de maneira simultânea, ao centro de controle da missão em Houston, sobre o surgimento de um brilho anormal, mais uma vez, em Aristarchus, e também no vale de Schroter, região localizada em suas proximidades, que possui cerca de 160 km de extensão, 11 km de largura (máxima) e uma profundidade que gira em torno de 1 km. Essa ocorrência também foi testemunhada pelos astronautas norte-americanos, que, avisados por Houston, conseguiram observar o fenômeno no momento em que sobrevoavam essa área lunar.

Desconheço, entretanto, o que de fato puderam avistar, mas, certamente, tiveram uma oportunidade mais do que especial, já

Presença Alienígena na Lua   27

Imagem da superfície lunar obtida pelo Dr. Leon Stuart. A foto foi conseguida no dia 15 de novembro de 1953 mediante seu telescópio refletor de 8 polegadas de abertura, documentando uma manifestação luminosa intensa com cerca de 21 quilômetros de extensão (Dr. Leon Stuart. Arquivo Petit).

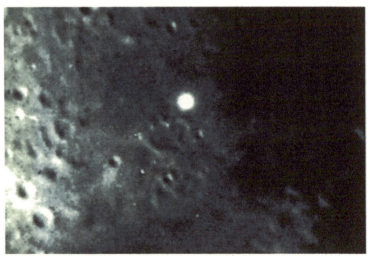

Ampliação da imagem da superfície lunar obtida pelo Dr. Leon Stuart no dia 15 de novembro de 1953 (Dr. Leon Stuart. Arquivo Petit).

que, ao contrário dos observadores terrestres, que estavam a quase 400 mil quilômetros de distância, sobrevoavam a Lua a cerca de poucas dezenas de quilômetros.

No ano anterior a essa observação conjunta, acontecera algo semelhante, quando quase duas centenas de astrônomos em 31 países estavam envolvidos no monitoramento da superfície de nosso satélite natural, por ocasião da missão da espaçonave Apollo 8, que apenas orbitou a Lua como preparativo para a futura e primeira missão de alunissagem tripulada, concretizada no ano seguinte (Apollo 11).

Radioatividade misteriosa

Em 1971, os astronautas da Apollo 15, no módulo de comando, procederam a um estudo especial com auxílio de um espectrômetro de partículas apontado em direção a nosso satélite, conforme orbitavam a Lua. O objetivo do experimento era detectar possíveis anomalias na emissão de energia e sua propagação. Algo curioso, mas coberto de sentido na busca de entendimento sobre o que vinha sendo detectado com relação aos fenômenos lunares transitórios.

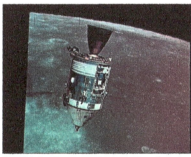

O módulo de comando e serviço da espaçonave Apollo 15 em órbita lunar. Durante essa missão foi detectado um aumento na contagem do número de partículas alfa emitidas pelo elemento químico (radioativo) randônio-222 e seus subprodutos toda vez que a Apollo sobrevoava a região da cratera Aristarchus. A experiência foi realizada ao longo de várias órbitas mediante um espectrômetro de partículas apontado em direção a nosso satélite (NASA. Arquivo Petit).

Os estudos e medições foram realizados a uma distância aproximada de 110 km (altura da órbita) ao longo de nove dias, e os resultados foram surpreendentes. O experimento revelou que, todas as vezes que a Apollo 15 sobrevoava a região de Aristarchus e o vale de Schroter, havia significativo aumento na contagem do número de partículas alfa emitidas pelo elemento químico (radioativo) randônio-222 e seus subprodutos.

Hoje se sabe que a mesma área lunar apresenta uma emissão radioativa quatro vezes superior em média ao restante da superfície selenita. Alguns astrônomos especulam se esse tipo de constatação em Aristarchus e no vale de Schroter não seria a explicação para os fenômenos luminosos constatados na região.

Em primeiro lugar, gostaria de destacar que o randônio-222 é facilmente encontrado em nosso planeta, no solo e na água, e é o elemento radioativo responsável pela maior emissão de radioatividade em termos naturais que cada um de nós tem contato em nosso dia a dia. Na Terra, mesmo em grandes concentrações, ele está longe de produzir fenômenos luminosos nas magnitudes verificadas em nosso satélite natural, inclusive na região de Aristarchus e no vale de Schroter. O segundo e outro aspecto dessa questão é a realidade dos fenômenos nessa área específica da Lua (não só esta), que revela uma clara inteligência por trás das ocorrências.

Entretanto, pode haver ligação entre a presença mais acentuada do elemento radioativo em Aristarchus e no vale de Schroter e os fenômenos observados a partir da Terra na região. Estaria havendo um processo de mineração por forças extraplanetárias nessa área específica da Lua? Como veremos, essa especulação está longe de ser algo irresponsável, pelo contrário, existem indícios, ou evidências, de processos desse tipo em nosso satélite.

A tentativa de alguns astrônomos em tentar explicar, mais uma vez, alguns dos fenômenos inexplicáveis que observamos na Lua, nesse caso mediante a presença do randônio-222, esbarra em uma análise quantitativa. Como entender o restante das ocorrências em outros sítios e áreas lunares que não apresentam esse particular ligado à radioatividade? Algumas dessas manifestações luminosas, ou energéticas, chegaram a cobrir dezenas de quilômetros de extensão, permitindo fácil visualização a partir de nosso planeta, mesmo com telescópios amadores.

A verdade é que as futuras missões lunares, pouco a pouco, fortaleceriam as ligações entre uma expressiva parcela dos fenômenos lunares transitórios e a presença de inteligências alienígenas em nosso satélite, para desespero daqueles que pretendiam, a todo custo, manter sigilo sobre o que estaria acontecendo na Lua.

Capítulo 2
As primeiras missões lunares

Pouco tempo depois de terem chegado ao espaço pela primeira vez em 1957 com o Sputnik, os soviéticos tinham suas pretensões quanto à Lua. Mesmo antes do lançamento de seu primeiro astronauta (1960), a primeira série de espaçonaves não tripuladas do bloco comunista – denominada simplesmente Luna (Lunik) –, concebidas para as missões lunares, já decolava de Baikonur, no Cazaquistão, mais uma vez, bem antes dos norte-americanos. O primeiro lançamento aconteceu em janeiro de 1959. A espaçonave passou a cerca de 6 mil km de distância de nosso satélite e entrou em órbita solar. Já a missão seguinte, desempenhada pela segunda espaçonave da série, conseguiu atingir seu objetivo e se chocou com a superfície da Lua, obtendo várias fotografias durante seu processo de aproximação. Já a Luna 3, lançada em 4 de outubro desse mesmo ano, obteve dias depois as primeiras imagens da face oculta de nosso satélite, um fato histórico na pesquisa espacial. Essas primeiras fotografias, entretanto, eram de baixa qualidade e não permitiam que o processo das grandes descobertas tivesse seu marco inicial, revelando a grandeza da presença alienígena na superfície da Lua.

Com o passar dos anos e ampliação do potencial tecnológico, a série de espaçonaves Luna incorporou novas possibilidades. Foram realizados vários pousos controlados em nosso satélite e amostras de sua superfície foram trazidas para análise.

Selo soviético comemorativo da primeira foto da face oculta da Lua (Arquivo Petit).

Esse fato é quase totalmente desconhecido pela população, que associa esse tipo de realidade apenas às amostras recolhidas e trazidas à Terra pelos astronautas norte-americanos. Foram realizadas 24 missões entre 1959 e 1976, ano em que a espaçonave de número 24 pousou, no mês de agosto, na superfície selenita e recolheu as últimas amostras de solo lunar.

Não só eu como outros investigadores estão certos de que, desde os anos de 1960, os soviéticos, mediante o programa Luna, tinham uma visão razoável da presença alienígena na Lua. Apesar do número restrito de imagens que hoje está disponível, eles já vinham documentando os sinais tanto da passagem dos alienígenas no passado como de sua presença na atualidade.

Construção alienígena

A primeira dessas fotografias a que tive acesso e que me impressionou foi tomada durante a missão da Luna 5, lançada no mês de maio de 1965. A espaçonave mergulhou em direção à superfície lunar, onde se espatifou, não sem antes obter inúmeras imagens, inclusive a que documenta uma estrutura de grande porte entre as ondulações montanhosas da Lua. Trata-se de uma grande instalação, construída por seres que ainda hoje, oficialmente, para muitos não existem. Uma base ou cidadela de

Misteriosa estrutura com centenas de metros de extensão no centro da imagem fotografada pela espaçonave soviética Luna 5 no ano de 1965. A fotografia não deixa dúvida sobre o caráter geométrico e artificial, e que se trata de uma instação de origem alienígena (Luna 5. Arquivo Petit).

forças alienígenas no solo do astro mais próximo de nosso planeta. Tal estrutura possui centenas de metros em seu eixo maior e tudo parece indicar que parte dessa base alienígena está oculta pelas ondulações que cobrem boa parte da área. A estrutura apresenta vários ângulos e, na parte que seria o centro, há uma espécie de prolongamento para cima, ou torre. Algo impressionante.

A mesma fotografia obtida pela espaçonave Luna 5 em negativo para confirmação da natureza artificial da estrutura (Luna 5. Arquivo Petit).

Outra imagem de destaque foi obtida da órbita lunar no início de 1966 pela espaçonave Luna 9, lançada em 31 de janeiro daquele ano. Na fotografia, uma das mais divulgadas, inclusive por mim em palestras sobre a presença alienígena em imagens espaciais, vê-se com clareza, apesar da pouca definição, uma série de estruturas artificiais. O solo dessa área apresenta visivelmente um padrão anômalo, com destaque para uma estrutura, ou construção, de grande dimensão, algo como um hangar. O solo ao redor dessa estrutura apresenta sinais de ter sido "trabalhado", ou seja, alterado por "mãos humanas".

Construção em forma de torre

Um ano antes, uma espaçonave soviética, ligada a outro programa espacial, a Zond 3, lançada em 18 de julho de 1965, tinha obtido uma quantidade significativa de fotografias, documentando uma área razoável da superfície lunar, ao passar ao largo de nosso satélite antes de mergulhar em uma órbita heliocêntrica. A qualidade e definição das imagens já haviam melhorado substancialmente. A fotografia mais extraordinária dessa sequência, no que respeita a nossa área de interesse, pelo menos das que tive acesso, documenta uma estrutura no limbo lunar com a forma de uma grande torre. As estimativas revelam uma altura superior a 1 km. Ou seja, trata-se de uma estrutura gigantesca.

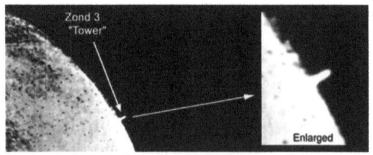

Uma das primeiras torres gigantescas fotografadas em nosso satélite. A imagem foi obtida pelos soviéticos pela terceira espaçonave do projeto Zond, que havia sido lançada ao espaço no dia 18 de julho de 1965. Apesar dessa série de naves não terem sido concebidas para exploração lunar, várias fotografaram nosso satélite (Zond 3. Arquivo Petit).

O programa Zond, iniciado em abril de 1964 com uma missão rumo ao planeta Vênus, não foi concebido para exploração específica da Lua, mas várias de suas espaçonaves acabaram envolvidas diretamente com as investigações lunares. Parece que, devido às primeiras descobertas de sinais da presença alienígena nesse momento da exploração espacial soviética, houve uma concentração de interesse em nosso satélite natural. No total, foram lançadas, por conta desse projeto, oito naves não tripuladas, das quais seis estiverem envolvidas com a exploração da Lua, inclusive a última missão do programa, realizada em 1970.

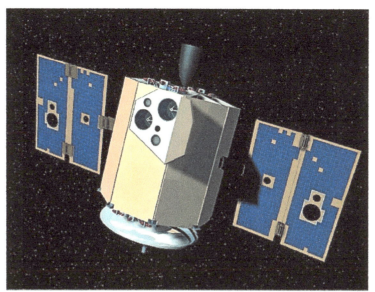

O Deep Space Program Science Experiment (DSPS), conhecido mais simplesmente como Clementine, que fez descobertas impressionantes sobre os sinais da presença alienígena no satélite natural de nosso planeta (NASA, Arquivo Petit).

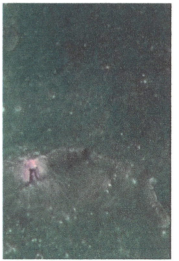 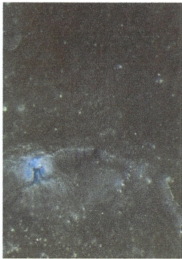

Imagem conseguida pela espaçonave militar Clementine duplicada em cor falsa da cratera Lobachevsky 2, nas quais se pode observar na encosta da cratera uma perfuração, abertura, com todos os sinais de artificialidade, inclusive ao redor, com os vestígios da retirada de material. A foto é compatível com a existência de um processo de mineração (Naval Research Laboratory - NASA, Arquivo Petit).

Presença Alienígena na Lua

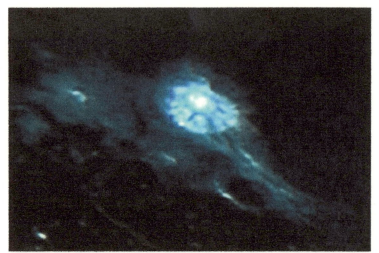

Essa imagem extraordinária foi obtida pela espaçonave Clementine durante a noite lunar documentando a cratera Aristarchus de mais de 40 km de diâmetro totalmente coberta por uma cúpula luminosa (Naval Research Laboratory - NASA, Arquivo Petit).

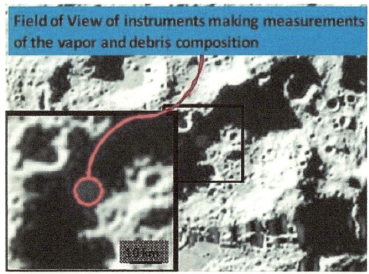

Fotografia tomada pela espaçonave Lunar CRater Observation and Sensing Satellite documentando a nuvem de detritos lançada ao espaço pela explosão gerada pelo Centauro ao atingir o fundo da cratera Cabeus (círculo vermelho). Mas a imagem revela algo mais de fundamental importância. Ao longo da parte direita da imagem, em sua área inferior aparece como que uma muralha gigantesca semelhante àquela de várias de nossas civilizações do passado. O problema é que esse conjunto de forma de padrão geométrico possui dezenas de km de extensão (NASA, Arquivo Petit).

Mid-Infrared Camera Images from LCROSS Shepherding Spacecraft

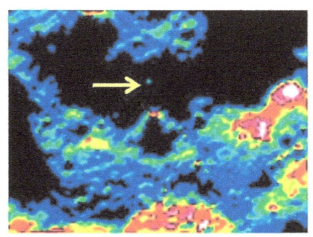

A seta assinala a explosão e o efeito luminoso causado pelo impacto do Centauro na cratera Cabeus detectado na banda infravermelha. A explosão para a surpresa da NASA atingiu uma magnitude muitas vezes inferior à esperada, impedindo inclusive sua visualização a partir da Terra. Teria ocorrido alguma forma de interferência das criaturas alienígenas que ocupam justamente essa região de nosso satélite natural?

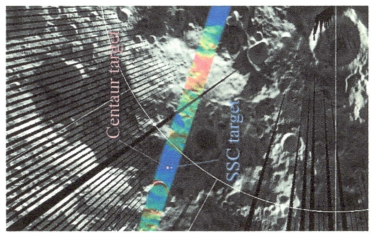

O ponto exato dos impactos do Centauro e da LCROSS (Shepherding Spacecraft) na Lua. Essa informação foi de fundamental importância para o autor desse livro poder confirmar a natureza ufológica do objeto filmado pela LCROSS momentos antes de se chocar com o solo de nosso satélite natural (NASA, Arquivo Petit).

Imagem obtida pela espaçonave Lunar Reconnaissance Orbiter do Polo Sul da Lua. A cratera no canto superior direito é a Shackleton, que possui 19 km de diâmetro. Como pode ser observado nessa foto a cratera possui associada a ela um complexo de estruturas artificiais com quilômetros de extensão. A LRO evidenciou de forma definitiva, que a região polar sul de nosso satélite é uma grande base alienígena (NASA, Arquivo Petit). A imagem pode ser vista no site da agência espacial mediante o link:
http://www.nasa.gov/images/content/393052main_lcross_impact_site.jpg

Os cientistas Anthony Colaprete e a Dra. Kim Ennico do projeto da espaçonave Lunar CRater Observation and Sensing Satellite. Abaixo do braço esquerdo de Colaprete pode ser vista uma foto impressa da região do Pólo Sul da Lua. Ampliando a foto por meio do próprio recurso oferecido pelo site da agência espacial é visível uma edificação, construção com dezenas de km de extensão de forma retangular (Dominic Hart - NASA - Ames Research Center, Arquivo Petit).

A imagem pode ser acessada em alta resolução mediante o endereço: *http://www. nasa.gov/images/content/393894main_ACD09-0220-089_full.jpg*
(Dominic Hart - NASA - Ames Research Cente, Arquivo Petit).

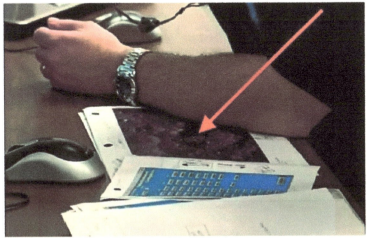

A seta vermelha assinala a posição exata de mais essa evidência da ocupação do Pólo Sul da Lua por forças alienígenas (Dominic Hart / NASA - Ames Research Center - Ufo Sightings Daily, Arquivo Petit).

Presença Alienígena na Lua

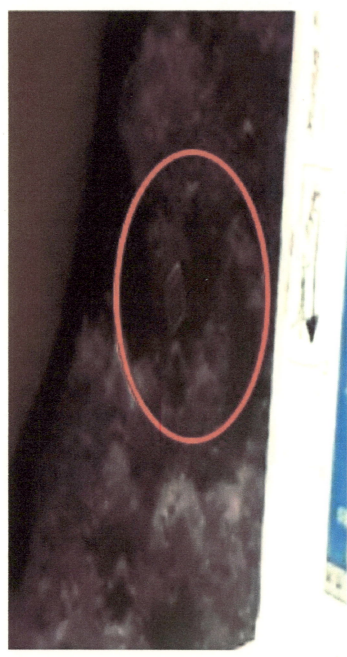

Essa estrutura, vista aqui com um grau maior de ampliação, provavelmente é a mais gigantesca já fotografada na superfície lunar (Dominic Hart - NASA - Ames Research Center - Ufo Sightings Daily, Arquivo Petit).

Marco Antonio Petit

Capítulo 3
Os norte-americanos chegam à Lua

Apesar de atrasados em relação a seus inimigos ideológicos na corrida espacial, os norte-americanos, progressivamente, conseguiam sucesso na exploração de nosso satélite. Com o projeto Ranger, iniciado em 1961, só alcançaram os primeiros resultados significativos em 1964, com a espaçonave de número 7. O referido projeto foi finalizado no ano seguinte, com a Ranger 9.

O programa desenvolvido para exploração lunar, mediante mapeamento fotográfico, inclusive na busca de possíveis sítios ou locais para futuros pousos tripulados, recebeu o nome de Lunar Orbiter. Ao contrário de seu antecessor, que envolvera impactos das espaçonaves contra a superfície da Lua, objetivando imagens mais aproximadas, esse projeto foi desenvolvido para obter imagens exclusivamente da órbita de nosso satélite. Foram lançadas, entre 1966 e 1967, cinco espaçonaves em direção à Lua, que entraram em sua órbita e cumpriram de maneira exemplar seu objetivo. Aliás, foi o primeiro programa de exploração da Lua em que todos os objetivos planejados foram cumpridos.

Visando a futuros pousos do projeto Apollo, os norte-americanos, simultaneamente ao programa Lunar Orbiter, desenvolveram o projeto Surveyor, que envolveu sete lançamentos e vários pousos suaves, controlados, na superfície lunar. O programa teve início com a espaçonave Surveyor 1, lançada em 30 de maio de 1966, e foi finalizado com a Surveyor 7, que pousou em nosso satélite em janeiro de 1968. Apesar de milhares de fotografias obtidas pelas últimas espaçonaves do programa Ranger e de algumas interessantes tomadas pelas espaçonaves da série Surveyor, do ponto de vista das imagens que mais nos interessam – aquelas pertinentes aos sinais da presença e atividade alienígena em nosso satélite –, não há dúvida de que os arquivos do programa Lunar Orbiter representaram um manancial de evidências sem paralelo na época, pelo menos no que diz respeito às atividades espaciais lunares desenvolvidas pelos Estados Unidos. Entretanto, existem algumas imagens obtidas do solo lunar após os pousos efetuados por algumas das espaçonaves da série Surveyor que não posso ignorar ou deixar de comentar.

Primeira fotografia obtida pela NASA com a espaçonave Ranger 7 documentando uma área da superfície lunar. As sondas dessa série tinham como objetivo atingir a superfície de nosso satélite, e obter o máximo de fototografias quando de sua aproximação (NASA - Lunar and Planetary Institute. Arquivo Petit).

Um desses casos envolve a espaçonave de número 6, lançada de Cabo Kennedy em 7 de novembro de 1967, que pousou na região conhecida como Sinus Medii, no hemisfério norte da Lua, três dias depois. Uma das fotografias obtidas após o pouso, tomada durante a noite lunar, quando a região não se encontrava iluminada pelos raios solares, revela uma visão surpreendente do horizonte de nosso satélite. Na imagem, observa-se uma espécie de "cúpula luminosa" gigantesca. A curvatura da forma luminosa descarta qualquer possibilidade de associação com o Sol. O que chama a atenção é a intensidade dessa luminosidade, fazendo recordar várias das manifestações dos chamados fenômenos lunares transitórios.

No ano seguinte, o mesmo tipo de ocorrência seria documentado em outro ponto da superfície lunar, no hemisfério sul, após o pouso da espaçonave Surveyor 7 (latitude 40.86 S / longitude 348.53 E). Consegui localizar quatro imagens noturnas obtidas de forma sequencial, documentando o mesmo tipo de situação em direção ao horizonte. O intervalo entre a primeira e a última fotografia é de mais de uma hora. Todas foram tomadas em 23 de janeiro, 13 dias após o pouso da espaçonave. Não se trata de um fe-

O astronauta Charles Pete Conrad, da missão Apollo 12, junto a espaçonave não tripulada Surveyor 3, que havia pousado anos antes na Lua. Algumas das fotografias desse projeto estão provavelmente relacionadas aos sinais da atividade alienígena em nosso satélite natural (NASA. Arquivo Petit).

nômeno de curta duração, pelo contrário. O intervalo entre a primeira fotografia e a quarta é de nada menos de 1 hora e 11 minutos. O mais impressionante é que, provavelmente, essa manifestação de energia luminosa persistiu após a obtenção da última fotografia. O que poderia estar gerando esse fenômeno? Seria mesmo um fenômeno ou estamos diante de uma evidência direta de estruturas que emitiam luz além do horizonte lunar? É de se ressaltar, ainda, que, curiosamente, a Surveyor 7

Foto 67-H-1642 obtida pela espaçonave Sorveyor 6, em novembro de 1967, na região conhecida como Sinus Medii, durante a noite lunar. O horizonte, que nessa fotografia aparece inclinado, esta intensamente iluminado revelando mais um sinal de que a verdade sobre a Lua, e o que lá existe, esta longe ainda de ser revelada oficialmente (NASA. Arquivo Petit).

pousou justamente na área da cratera Tycho, que, há séculos, vinha registrando fenômeno anômalos.

Presença Alienígena na Lua

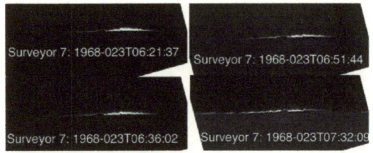

As quatro imagens mencionadas no texto dessa obra, tomadas em sequência durante a noite lunar, na região da cratera Tycho, pela espaçonave Surveyor 7, documentando o horizonte de nosso satélite natural iluminado por um manifestação luminosa (NASA. Arquivo Petit).

Imagens definitivas

O programa Lunar Orbiter, envolvendo cinco espaçonaves, cobriu fotograficamente aproximadamente 99% da superfície lunar, com uma resolução de 60 m. Algumas áreas foram documentadas pela espaçonave de número 5 com uma resolução que alcançou 20 m, ampliada em algumas áreas específicas, previamente selecionadas, para apenas 2 m. Com esse nível de definição, seria difícil não encontrar e documentar o que já começava a se tornar evidente: a Lua estava longe de ser nossa propriedade, e isso valia tanto para soviéticos quanto para norte-americanos. Essa situação pode ser constatada hoje, por exemplo, no portal do Lunar and Planetary Institute (http://www.lpi.usra.edu), que apresenta, supostamente, todas as fotografias não só do projeto Ranger como também do Lunar Orbiter.

O programa Lunar Orbiter, composto por cinco espaçonaves, visou fotografar a superfície lunar com o objetivo de preparar, escolher os pontos dos futuros pousos do projeto Apollo, que levariam os primeiros astronautas norte-americanos a superfície de nosso satélite natural (NASA. Arquivo Petit).

Desde a primeira missão do projeto, lançada ao espaço rumo à Lua em 10 de

Marco Antonio Petit

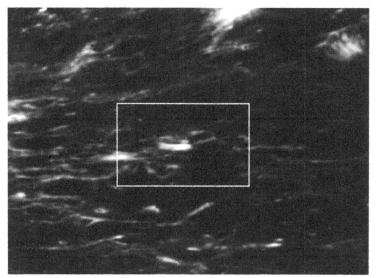

Imagem LO1-102-h1, obtida quando a espaçonave Lunar Orbiter 1 estava a uma altitude de 1198,22 km (Latitude -14.68° / Longitude 104.34°). Documenta uma estrutura gigantesca de base geométrica se destacando em meio às montanhas lunares (NASA - Lunar and Planetary Institute. Arquivo Petit).

agosto de 1966, que chegou ao seu destino três dias depois, as descobertas não pararam de mostrar a amplitude da presença alienígena. A fotografia LO1-102-h1, obtida quando a espaçonave estava a uma altitude de 1.198,22 km (latitude 14.68° / longitude 104.34°), documenta uma estrutura gigantesca, de base geométrica, destacando-se em meio às montanhas lunares. Essa construção, ou instalação, tem sido destacada por inúmeros investigadores do exterior. Mesmo uma análise superficial desse objeto revela sua natureza artificial. Basta comparar a estrutura com a totalidade da área coberta por essa imagem para percebermos que estamos diante de algo que não faz parte da "geologia" da região.

Quanto mais analisava a citada fotografia, mais me impressionava com as evidências da artificialidade do objeto, o que me levou a descobrir, na mesma imagem, mais sinais de artificialidade na região, como a presença de outras estruturas enigmáticas "abaixo" da estrutura de base geométrica. Um desses objetos, o que mais se destaca, apresenta em sua parte superior um padrão totalmente reto, com todos os sinais de uma construção,

Presença Alienígena na Lua

além de outros detalhes que reforçam a minha interpretação de que se trata de uma estrutura artificial.

Outros investigadores do exterior, examinando essas imagens, incluíram sinais de outras estruturas com padrões artificiais, com destaque para regiões lunares que apresentam o solo claramente modificado por atividade de uma ou mais culturas extraplanetárias.

Obeliscos

Um dos destaques dessas imagens que estão no centro da indiscutível polêmica sobre a passagem ou presença de civilizações cósmicas em nosso satélite, são as chamadas Cúspides de Blair, localizadas inicialmente pelo antropólogo norte-americano William Blair, da Boeing, empresa responsável pela construção das espaçonaves dessa série, na região do mar da Tranquilidade, área em que os primeiros astronautas pousariam por

Foto LO2-61-h3 obtida pela espaçonave Lunar Orbiter 2 registrando as chamadas "Cúspides de Blair", um conjunto de obeliscos, na região do chamado Mar da Serenidade, próxima a área onde nossos primeiros astronautas depois pousariam com o módulo lunar da Apollo 11. Esses objetos estão ligados por linhas para demonstração do padrão geométrico, que assumem em conjunto. A forma de cada um pode ser percebida pelas sombras que projetam (NASA - Lunar and Planetary Institute. Arquivo Petit).

ocasião da missão Apollo 11.

O antropólogo, que comparou sua descoberta a sítios arqueológicos na Terra, deu nome ao seu achado, documentado nas fotografias LO2-61-h3 e LO2-62-h3, tomadas em 22 de novembro de 1996, com poucos segundos de intervalo, a uma altitude, segundo a agência espacial, pouco superior a 50 km.

As imagens mostram o que parecem ser vários obeliscos, dispostos segundo um padrão geométrico, cuja forma é visualizada pela projeção de suas sombras no solo lunar. A análise das sombras, apesar de indicar que se trata de objetos semelhantes no que diz respeito à forma, revela que a altura das estruturas é diferenciada. Outro detalhe que chama a atenção é uma depressão de forma retangular no solo lunar da mesma área, que reforça a ideia de que o conjunto representa um complexo de estruturas artificiais.

Décadas atrás, ao me deparar pela primeira vez com imagens dessas estruturas lunares, que lembravam em sua forma obeliscos, em um livro do escritor italiano Peter Kolosimo, fiquei

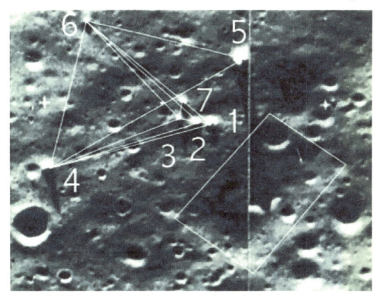

Foto LO2-62-h3 conseguida pela espaçonave Lunar Orbiter 2 segundos depois da apresentada anteriormente. Permite uma visão mais clara de todo o conjunto e das sombras projetadas pelos obeliscos (NASA - Lunar and Planetary Institute. Arquivo Petit).

Presença Alienígena na Lua 41

profundamente impressionado. Na época, eu já estava interessado e cônscio da existência de vestígios da presença alienígena ou de artefatos artificiais na Lua, e ficar frente àquelas imagens só fortaleceu minhas percepções em relação ao assunto. Outro investigador desses mistérios é o norte-americano John Lear, que encontrou também várias evidências da presença de estruturas artificiais em fotografias obtidas pela espaçonave Lunar Orbiter 2. Lear desenvolveu um trabalho muito especial, por exemplo, sobre as anomalias presentes na cratera Copernicus.

O primeiro UFO

Outra descoberta impressionante já da missão de número 3 (Lunar Orbiter 3) está associada à fotografia LO3-120-h3. Desde que localizei o detalhe de meu interesse, o que parece ser a presença de um UFO de grandes dimensões, fotografado aparentemente por acaso, quando a espaçonave focou o solo lunar para mais uma imagem, tenho apresentado a referida fotografia em minhas conferências sobre o assunto. O objeto foi documentado à baixa altura e na região equatorial da Lua, conforme verifiquei mediante os detalhes técnicos da imagem presentes no portal do Lunar and Planetary Institute. A altitude da espaçonave no momento de obtenção da fotografia era de pouco mais de 45 km.

Fotografias da missão seguinte continuaram a chamar a atenção dos investigadores. Inúmeras imagens da Lunar Orbiter 4 revelaram, em outros pontos da superfície de nosso satélite, anomalias difíceis de explicar dentro de padrões naturais, relacionadas tanto a impacto de grandes bólidos quanto a uma

Imagem LO3-120-h3 documentando aquele que foi provavelmente o primeiro UFO fotografado na Lua. A foto foi obtida pela espaçonave Lunar Orbiter 3. O objeto estava a poucas centenas de metros da superfície lunar (NASA - Lunar and Planetary Institute. Arquivo Petit).

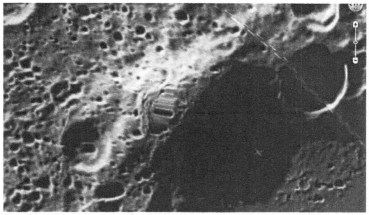

Complexo de estruturas artificiais gigantescas na região da cratera Zeeman descoberto em um mosaico formado por várias fotografias da missão Lunar Orbiter 5, que hoje pode ser visto no Google Moon. O destaque é uma "cratera" de forma alongada e padrão claramente artificial, que possui cerca de 8,5 km de extensão, que pode ser observada próxima da parte central dessa imagem (NASA - Google Moon. Arquivo Petit).

possível atividade vulcânica ou sísmica. Foram documentadas, inclusive, crateras com padrões geométricos nas imagens dessa espaçonave.

Outra descoberta surpreendente se deu na região da cratera Zeeman, situada próximo ao polo sul da Lua (75° 12'0"S / 134° 48' 10"W), uma das maiores crateras da área, com diâmetro de 184 km. O achado foi feito no mosaico de imagens formatado mediante as fotografias do programa Lunar Orbiter, acessíveis no Google Moon. Trata-se de um objeto, uma "cratera", com forma invulgar, que possui em seu eixo maior 8,5 km de extensão. Porém, não se trata de uma cratera. A estrutura apresenta dois lados totalmente retos com a referida extensão e só não é um retângulo perfeito porque, em vez de apresentar lados menores, revela duas curvas perfeitas de 180° em cada um de seus extremos. Também chamaram a atenção dos investigadores várias plataformas, ou "terraços", que se sobrepõem, vistas acima da estrutura principal, e que possuem a mesma dimensão em termos de extensão da "cratera" (8,5 km). O padrão em termos de textura da superfície de todo esse conjunto deixa claro que estamos diante de algo nitidamente artificial. O solo ao redor é irregular e montanhoso, ao contrário da superfície dessas estrutu-

Presença Alienígena na Lua   43

Imagem de uma das regiões da cratera Vitello, documentada por meio da foto LO5-168-h2, conseguida pela espaçonave Lunar Orbiter 5. No interior dessa cratera foram descobertos obeliscos, e torres. Essas estruturas ao se movimentarem, ou serem movimentadas deixaram rastros na superfície lunar, alguns com quilômetros de extensão (NASA - Lunar and Planetary Institute. Arquivo Petit).

ras, que apresenta configuração lisa. Como normalmente acontece nessas áreas mais críticas, ou reveladoras dos sinais da atividade alienígena, uma observação mais atenta revela outros sinais de anomalias, em que a geometria parece ter substituído a casualidade geológica ou as formas inerentes ao impacto de um grande bólido que teria dado origem à depressão ou cratera.

As imagens mais impressionantes, em minha opinião, foram as encontradas nos arquivos da espaçonave Lunar Orbiter 5. A primeira a que tive acesso (LO5-168-h2) está associada a achados no interior da cratera Vitello, que possui aproximadamente 42 km de diâmetro. A imagem foi obtida em 17 de agosto de 1967, a uma altitude de pouco mais de 169 km. Mas, o que essa imagem mostra e por que me impressionou tanto?

Rastros misteriosos

Podemos ver, na parte central da cratera, um objeto de albedo anormal, muito mais brilhante do que o solo ao seu redor, que reflete a luz solar com mais intensidade. Essa estrutura possui, conforme determinado por sua sombra projetada na superfície lunar, aproximadamente 140 m em sua base. Pelo tipo e forma da sombra, parece se tratar de uma grande torre ou algo semelhante a um obelisco. Sua sombra tem extensão de quase 500 m. Pode ser observado, ainda nessa imagem, o rastro

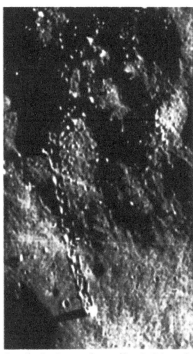

Ampliação de uma das regiões da fotografia LO5-168-h2 onde pode ser observado no sentido vertical um grande rastro deixado na superfície de nosso satélite, e em sua parte inferior, o objeto, ou estrutura, que o produziu mediante movimentação pelo solo, cuja sombra projetada pode ser vista à sua esquerda. Esse rastro tem cerca de 2,8 km de extensão (NASA - Lunar and Planetary Institute. Arquivo Petit).

deixado por esse objeto conforme ele se movimentou ou foi movimentado pelo solo da Lua. Esse sinal de deslocamento ou movimentação pode ser constatado ao longo de aproximadamente 2,8 km. O que chama a atenção nessa evidência é a forma ou configuração do rastro. Essa fotografia pode ser acessada na galeria de imagens do Lunar and Planetary Institute, dentre outros portais da NASA.

Uma observação mais detalhada na imagem de máxima definição liberada pela agência espacial norte-americana (NASA) acabou revelando, na mesma região, a presença não só de outro objeto de forma inusitada, que lembra uma pequena pirâmide, como também o mesmo efeito de deslocamento. Como no caso da estrutura anterior, esse rastro se perde em uma região montanhosa e de sombra, o que não permite a real mensuração do ponto de partida de deslocamento desses objetos. O mais impressionante é que, conforme a atenção dos pesquisadores se voltou de maneira mais acentuada para essa região lunar, e mesmo para essa fotografia, descobriu-se que há outros objetos misteriosos apresentando o mesmo sinal de deslocamento. Porém, por mais que os estudos da imagem tenham sido aprofundados, há ainda uma questão sem resposta. Como na Lua não há qualquer forma de erosão significativa, devido à falta de atmosfera, não existe um meio seguro para definirmos

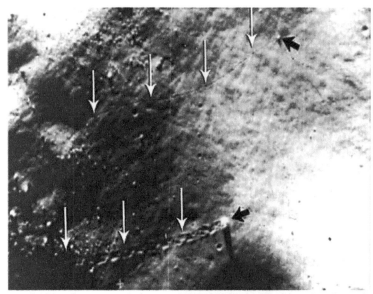

Ampliação e clareamento da imagem LO5-168-h2, que permitiu a descoberta de mais um objeto com seu respectivo rastro de deslocamento. As setas pretas indicam a posição das estruturas que deixaram os rastros, enquanto as brancas ressaltam a posição dos últimos (NASA - Lunar and Planetary Institute. Arquivo Petit).

a idade dos objetos e dos rastros de deslocamento. Eles podem ter sido produzidos pouco tempo antes de a fotografia ter sido obtida pela Lunar Orbiter 5, em 1967, ou há milhões de anos.

Devido à repercussão dessa imagem e de outras com o mesmo tipo de evidência, a NASA viu-se obrigada a apresentar uma explicação. Para a agência espacial, os rastros foram produzidos por estruturas rochosas naturais, que, em determinados momentos, rolaram pelo solo lunar produzindo os rastros. Ela criou a teoria das "pedras rolantes" (*rolling rock*), algo tão absurdo, que parece ter sido formatado para que cada um de nós tenha certeza da existência de um processo de acobertamento dos sinais da presença extraterrestre no programa espacial desde seu início.

Além de outros sinais encontrados por toda a cratera Vitello, revelando evidências de artificialidade em sua superfície, basta observar os objetos que deixaram rastros e verificar as formas das sombras projetadas, para termos certeza de que jamais poderiam rolar no sentido necessário para permitir a geração de rastros com as larguras constatadas, que são compatíveis com o tamanho da base de cada um deles e não do comprimento (eixo maior). Ou seja, aceitar a explicação oficial da NASA é deixar de lado toda e qualquer visão realista e objetiva da verdade, que pode ser facilmente constatada nessa importante fotografia. Em minhas conferências, ao me referir a essa fotografia e ao que nela pode ser constatado, costumo declarar que apenas essa imagem bastaria como evidência definitiva da existência de vida inteligente fora de nosso mundo. Afinal, essas estruturas foram construídas por alguém.

Observação prévia

Quando eu estava na fase de finalização deste livro, descobri em outra imagem documentando outra região lunar, mais um rastro misterioso, mas cujo objeto, ou estrutura, não fora documentado na fotografia. A descoberta foi feita na imagem LO5-63-h2, que apresenta uma área situada no equador lunar, na face voltada para a Terra (32° de longitude). Na imagem, podemos divisar um rastro com quilômetros de extensão, que vai se aprofundando e se tornando mais largo, conforme se aproxima do fundo de uma cratera. O registro não pode ser acompanhado até seu fim por conta de sua direção. Ele só é observado até "mergulhar" na sombra presente na parte central da cratera. Esse mesmo "fenômeno" já havia sido registrado no ano anterior (1967), conforme confirmei no arquivo de imagens da primeira espaçonave do programa Lunar Orbiter; dessa vez, o objeto, ou estrutura que o produziu, aparece na fotografia LO1-76.

O que chama a atenção nesse caso, além da presença da estrutura que se movimentou, ou foi movimentada, pelo solo, e do respectivo rastro, é o registro de seu deslocamento revelar que o enigmático objeto, cuja sombra pode ser constatada na imagem, antes de chegar ao ponto onde foi fotografado, passou em sua movimentação por cima de uma elevação do relevo de nosso satélite e, depois, desceu do outro lado para ser documentado onde aparece na imagem. Ou seja, não poderia ser, de forma alguma, uma simples pedra que rolou pela superfície lunar deixando rastro. A região em que constatei essa evidência está também na área equatorial, apenas três graus a leste do local do caso anterior. A imagem foi tomada a uma altitude pouco inferior a 60 km.

Mais um mistério

O mais impressionante é que coisas desse tipo e outras evidências de estruturas artificiais foram detectadas nos mais diferentes pontos de nosso satélite, incluindo a face oculta, que, antes das missões espaciais à Lua, não podia ser vislumbrada a partir da Terra. Essa singularidade, ou seja, a existência da chamada face oculta, não deixa de ser um dos mistérios lunares. O fato de a Lua manter sempre a mesma face voltada para a Terra está relacionado ao fato de o movimento de revolução em torno da Terra ser realizado exatamente, no mesmo período de tempo em que a Lua leva para girar em torno de seu próprio eixo.

Não só as minhas investigações como também as de outros pesquisadores evidenciaram, de maneira definitiva, que a maior parte dos sinais de presença extraterrestre na Lua está no arquivo de imagens da última missão do projeto Lunar Orbiter 5. Isso não aconteceu por acaso, mas devido à proposta de a missão obter fotografias com nível de acuidade ou definição superior de uma quantidade maior de pontos de nosso satélite.

Além de objetos, ou construções semelhantes a obeliscos, ou torres, com ou sem sinais dos rastros produzidos por deslocamento pelo solo lunar, as fotografias dessa missão revelaram complexos de estruturas artificiais cobrindo vários quilômetros de extensão do solo lunar, onde se destacam formações piramidais ou com outros padrões geométricos, estruturas semelhantes a grandes dutos etc.

Devo ressaltar que várias dessas fotografias, mesmo tomadas com as limitações tecnológicas da década de 1960, podem ser tidas ainda hoje como importantes, mesmo se comparadas ao conjunto de imagens obtido por várias missões posteriormente enviadas à Lua. Essa situação está diretamente associada ao grau de sigilo existente nos dias atuais em relação à documentação das espaçonaves que deram continuidade ao projeto Lunar Orbiter, independentemente de serem tripuladas ou não.

Mas antes de abordar outros projetos, e o que foi constatado, por exemplo, no decorrer do programa Apollo, não posso deixar de detalhar, pelo menos mais algumas dessas fotos, que precederam a chegada diretamente de nossos astronautas à Lua.

Padrões de artificialidade

Voltando a tratar das imagens da espaçonave Lunar Orbiter 5, destaco a fotografia LO5-105-h3. Nessa imagem, que também pode ser observada em detalhes no portal do Lunar and Planetary Institute, constatei, em determinado ponto, uma estrutura em forma de "T", que apresenta em suas proximidades o que parece ser uma grande rocha, mas cuja forma é no mínimo inusitada. Esse segundo objeto, além de ter uma altura considerável, possui a forma quadrada. Uma observação mais cuidadosa da área em torno dessas duas estruturas revela a presença de outras formas que merecem também atenção, cuja natureza pode ser artificial.

Outra fotografia significativa é a LO5-200-h2a, tomada cerca de 132,3 km de altitude, que documenta uma vasta área acima do equador lunar (latitude 24° N / longitude 47° W), ou seja, na face da Lua que sempre está voltada para a Terra. Eu já conhecia essa imagem por meio do documentário Selene, lançado em DVD pelo pesquisador Arthur Moreira Martins, hoje meu companheiro nas investigações das fotografias espaciais, mais conhecido no meio ufológico como Tuco Kpax Space.

Em meio à redação deste livro, resolvi procurar a fotografia original fora das páginas particulares de outros pesquisadores, onde, posteriormente, encontrei a mesma imagem.

Meu objetivo, procedimento padrão em relação às fotografias, que divulgo em conferências, artigos ou livros, era obter o *link* oficial da imagem para posterior divulgação, o que não encontrei em qualquer das postagens de outros investigadores. Eu tinha em mente, além dessa necessidade, a possibilidade de haver outros sinais de atividade alienígena na mesma imagem, já que tanto no documentário produzido por Martins como nos endereços em que encontrei a fotografia o que estava disponibilizado era apenas um detalhe, uma parte da fotografia geral em que havia várias anomalias. Para minha surpresa, quando procurei a imagem pelo seu número no portal do Lunar and Planetary Institute, no catálogo da espaçonave que havia obtido a fotografia, não encontrei o documento fotográfico. Só consegui localizar a imagem básica, a fotografia LO5-200. Nesse processo de busca, acabei notando um fato curioso: não só a fotografia anterior como também a seguinte, dentre outras dessa região lunar, não constavam no arquivo de imagens. Seria isso apenas uma casualidade? Estaríamos diante de imagens perdidas ou haveria outro motivo por trás dessa falha na sequência de fotografias disponibilizadas?

Acabei encontrando a fotografia original de outra forma, em um dos portais da Universidade do Arizona, que é uma das instituições de ensino e pesquisa diretamente relacionada ao programa espacial norte-americano e que mantém várias páginas ligadas ao assunto, algumas consideradas de referência, principalmente pertinentes à exploração da Lua e do planeta Marte. A imagem pode ser vista em detalhes e alta definição no site Space Exploration Resources, que apresenta algumas das principais fotografias da segunda, terceira e quinta espaçonave do programa. Ali encontrei também os detalhes técnicos da fotografia. À medida que ampliava a imagem com o recurso presente na própria página e começava a explorar o solo lunar até o limite permitido, constatei, em vários pontos, mais evidências dentro da área de meu interesse, apesar de não haver uma convicção definitiva nesses casos.

Entretanto, há uma área específica de grande dimensão da superfície de nosso satélite na imagem que chama a atenção. O solo apresenta várias estruturas reunidas. Esse conjunto revela uma disposição de base geométrica que não pode ser explicada como uma casualidade do relevo lunar. Desde a primeira vez que observei essa fotografia, fiquei impressionado. Esse tipo de realidade pode ser constatada em vários pontos da superfície de nosso satélite e está longe de ser uma singularidade.

Imagens surpreendentes

Há aspectos ainda mais contundentes nas fotografias obtidas nessa missão espacial. Uma das imagens mais impressionantes, que tive oportunidade de explorar em sua totalidade mais recentemente, apesar de conhecer ampliações de determinadas áreas há bastante tempo, foi a fotografia LO5-125-h2a, obtida a cerca de 220 km de altitude.

A região documentada está bem abaixo do equador lunar (latitude 42.9° S / longitude 11.7° W). Localizei a imagem da NASA nas páginas mantidas pela Universidade do Arizona (Space Exploration Resources).

Foto LO5-125-h2a obtida pela espaçonave Lunar Orbiter 5 a uma altitude de cerca de 220 km. A área documentada por essa imagem é uma das regiões lunares mais ricas nos sinais da presença e atividade alienígena. O autor a localizou, e estudou em detalhes mediante o site Space Exploration Resources mantido pela Universidade do Arizona (NASA - Universidade do Arizona. Arquivo Petit).

À medida que movimentava a imagem com a definição máxima, para verificar em detalhes a totalidade da região fotografada, percebia que os sinais de estruturas artificiais estavam por toda parte, apesar de se concentrarem em determinados pontos. Bem próximo do limite inferior da imagem, detectei a presença de uma estrutura com dezenas de metros, no formato de um ovo. O que seria aquilo? Um OVNI pousado, flagrado no momento em que a imagem foi obtida, em 1968, ou uma edificação construída na superfície lunar? Na mesma área, nas proximidades desse inusitado objeto, acima e à esquerda, têm-se outras estruturas com a mesma assinatura de artificialidade.

Dutos na Lua

Movimentando a fotografia ainda em sua parte inferior, em direção ao seu limite direito, encontrei em seu final outro conjunto de estruturas que também parecem revelar sua natureza artificial. Não muito longe dessa posição, pouco à esquerda e para cima, localizei em uma área montanhosa mais sinais de solo

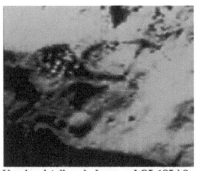

Um dos detalhes da Imagem L05-125-h2a documentando uma objeto de grandes dimensões em forma de ovo, que possui à sua esquerda e acima estruturas aparentemente associadas apresentando padrões geométricos, artificiais (NASA - Universidade do Arizona. Arquivo Petit).

modificado, onde se destaca o que poderia ser comparado a uma espécie de duto. Coisas desse tipo, semelhantes a dutos ou a tubulações, podem ser observadas em vários pontos da superfície lunar nessa imagem.

Quando voltei a fotografia para a posição em que se pode observar o objeto em forma de ovo e comecei a movimentar o documento visual em direção à sua parte superior, encontrei, em mais uma das áreas de solo aparentemente edificado, também em uma região montanhosa, outro objeto com forma semelhante.

O que chama a atenção nesse caso é o tipo de efeito em sua superfície gerado pelos raios solares, que permite a constatação de que se trata de algo "polido", sem o padrão que seria apresentado caso estivéssemos diante de uma estrutura rochosa de forma invulgar. Esse objeto, entretanto, apresenta um tamanho inferior ao primeiro que detectei com a mesma forma (ovo) e parece estar diretamente conectado a outras edificações ao seu redor. Um exame ainda mais cuidadoso aventou a possibilidade de existência de outros objetos desse mesmo tipo, mas, devido ao tamanho inferior e ao nível de definição, não obtive uma confirmação, já que a perda de definição no processo de ampliação compromete uma leitura definitiva da natureza desses achados.

Conforme a visualização

Complexo de dutos e outras estruturas artificiais localizadas em uma das regiões cobertas pela fotografia L05-125-h2a (NASA - Universidade do Arizona. Arquivo Petit).

da imagem caminhava para o limite esquerdo da fotografia, continuei a localizar outros elementos curiosos, que, dificilmente, seriam encarados como pertencentes ao relevo de nosso satélite. Um conjunto de estruturas nessa área da imagem me impressionou de maneira especial, não só devido à extensão como, principalmente, aos detalhes. Eu já havia feito referências à existência, nessa fotografia, em vários pontos, do que pareciam ser tubulações ou dutos, mas agora eu tinha encontrado todo um complexo de estruturas desse tipo interligadas sob um padrão geométrico cobrindo uma grande área. Esse conjunto, as estruturas em questão, podem até ter outra natureza, ou função, mas o caráter artificial está claro para o autor. Ao redor desse complexo, eu ainda localizei outras evidências da ocupação por alienígenas dessa área da superfície de nosso satélite.

Descoberta principal

Na parte inferior da imagem, um pouco à esquerda do meio do eixo horizontal da documentação, localizei uma edificação, uma torre de grandes dimensões. O objeto está em uma área de relevo acidentado e, mesmo assim, apresenta, abaixo de si, outras estruturas também de natureza artificial. Uma visão mais ampliada, relacionada à máxima definição disponibilizada pela agência espacial, divulgada pela Universidade do Arizona, revela que a base dessa estrutura está sedimentada em uma área que foi escavada na região montanhosa onde está inserida.

Chama a atenção tam-

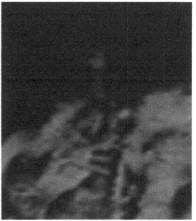

Nessa foto a principal estrutura alienígena descoberta na imagem L05-125-h2a. Uma torre ou edificação de grandes dimensões pode ser observada tendo abaixo de si outras estruturas, que confirmam uma visão, ou a interpretação de que estamos diante de um solo alterado por meio da atividade de seres, que estiveram, ou estão habitando essa região lunar (NASA - Universidade do Arizona. Arquivo Petit).

Presença Alienígena na Lua 53

bém nesse objeto o grau de polimento da maior parte de sua estrutura, se comparado ao do relevo lunar situado ao seu redor. A estrutura principal desse complexo alienígena é um dos maiores achados já realizados pelo nosso programa de exploração lunar. Não é preciso dizer que a divulgação, ou liberação de imagens desse tipo na época em que foram obtidas, estava longe de ser considerada pelos gestores do programa espacial norte-americano.

Sigilo total

O conhecimento sobre a presença alienígena em nosso satélite natural estava atingindo um nível provavelmente muito além das expectativas do pequeno grupo de pessoas formado, na época, por cientistas, militares, membros da Inteligência e uma elite governamental, que tinham o privilégio de acompanhar diretamente o que estava sendo descoberto na Lua, mas mantido totalmente longe do conhecimento da população não só norte-americana como mundial.

Outra fotografia hoje disponível, pertencente aos arquivos de imagens da espaçonave Lunar Orbiter 5, fundamental nesse processo de descoberta da verdade, que envolveu nossas explorações lunares no ano de 1967, é a identificada como LO126-h2d, que faz parte, como a sua numeração revela, do conjunto de imagens obtido imediatamente após a documentação visual descrita nos últimos parágrafos. Por conta disso, apresenta uma área cujos limites interagem com os da fotografia anterior. As coordenadas de referência desse outro documento visual são muito semelhantes (latitude

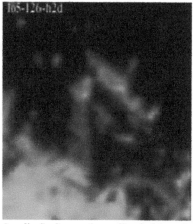

Ampliação de uma das regiões da fotografia LO5-126-h2d, onde pode ser observado um outro complexo de formas, ou edificações, cuja principal estrutura lembra muito um de nossos edifícios (NASA - Universidade do Arizona. Arquivo Petit).

42.3° S / longitude 11.6° W). A altitude em que a imagem foi tomada é ligeiramente inferior. Segundo os registros da agência espacial, a espaçonave estava, no momento em que obteve a fotografia, a pouco mais de 217 km do solo lunar.

Da mesma forma que a fotografia anterior, esta está repleta de evidências no que se refere à presença alienígena. A quantidade de áreas em que o relevo lunar natural foi nitidamente alterado, com sinais claros da existência de edificações, chamou a minha atenção. A presença de uma base geométrica e de outros detalhes não deixa dúvidas quando à natureza artificial de algumas dessas estruturas.

A primeira anomalia que gostaria de destacar nessa imagem é um objeto também de grandes dimensões, com a forma de um barco, ou prancha de surfe, de simetria perfeita, apontado para cima. Essa forma ainda parece ter uma espécie de cúpula no lado voltado para a posição de onde foi tomada a fotografia.

Outro detalhe é um complexo envolvendo várias estruturas, onde se destaca uma construção cuja forma lembra o *design* de nossa arquitetura mais moderna. A minha impressão é a de que se tratava de algo semelhante a um prédio desenvolvido para as condições lunares, ou seja, sem grandes aberturas para o exterior. A Lua, pela ausência de atmosfera protetora, sofre um processo de impacto de meteoritos e micrometeoritos em um grau inúmeras vezes superior ao que atinge a superfície terrestre, e qualquer instalação ou base tem de levar em consideração, por questões de segurança de seus possíveis ocupantes, essa realidade.

Imagem inacreditável

Uma das imagens mais impressionantes que havia tido oportunidade de observar em minhas investigações sobre a presença alienígena em nosso satélite natural, entretanto, dependia, até poucos dias atrás, de uma confirmação, e não seria alvo de comentários neste livro se eu não tivesse finalmente encontrado a fotografia original nos arquivos da missão Lunar Orbiter 5. Essa fotografia é tão importante nesse "edifício" que estou tentando construir, que não poupei esforços e tempo para localizar

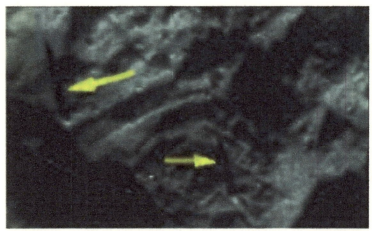

Uma das duas mais extraordinárias imagens do programa Lunar Orbiter, obtida pela espaçonave de número 5. Nessa foto, outro detalhe da imagem LO5-126-h2d. Além de dois obeliscos, assinalados pelas setas, podem ser observados com facilidade no solo uma série de estruturas com padrões geométricos, e na parte mais à direita da fotografia, uma edificação com forma piramidal (NASA - Universidade do Arizona. Arquivo Petit).

a documentação original.

Essa imagem, que eu já havia visto em diversos páginas particulares, que parecem ter simplesmente realizado postagens dentro de uma atividade sequencial, e em série, em que nenhuma informação mais objetiva sobre a origem do material foi divulgada, havia passado a ser uma espécie de objetivo especial desse meu atual trabalho. Se o número da fotografia e o nome da espaçonave responsável por sua obtenção tivessem sido divulgados, facilitaria sua localização, mas, informações desse tipo eu não havia conseguido encontrar nesses sites.

A parte principal desse complexo apresenta como destaque dois objetos na forma de obeliscos, fixados no solo sobre locais cuja superfície foi indiscutivelmente trabalhada e alterada para receber essas estruturas. O outro destaque é uma construção de forma piramidal, com tamanho também avantajado, que apresenta uma entrada em sua parte frontal. Na verdade, os sinais de artificialidade estão por toda a região. Basta observar o solo de toda a área que envolve esse achado, para se constatar edificações menores apresentando arranjos de base geométrica. Esse conjunto de estruturas de origem desconhecida foi localizado por mim na parte inferior da imagem geral, quase no meio do eixo horizontal da fotografia. Esse complexo é limitado na parte inferior por uma montanha. Do lado oposto e ao longo dessa elevação na superfície lunar, localizei outras estruturas de origem artificial, que completam e sustentam a ideia da presença de algo muito especial. Se a questão para o reconhecimento definitivo da existência de vida e de outras civilizações cósmicas no Universo estivesse ligada apenas à mensuração sincera e honesta das evidências, e uma observação criteriosa de algumas dessas imagens, bastaria a apresentação pública desse tipo de material, com as devidas explicações oficiais, para gerar convencimento sobre a realidade da vida extraterrestre.

Capítulo 4
A constatação de uma realidade perturbadora

Nessa altura dos acontecimentos, já havia, por parte de uma pequena elite espacial, tanto pelo lado dos norte-americanos como dos soviéticos, uma certeza: fossem americanos ou russos a chegarem primeiro a Lua, encontrariam "alguém" muito bem estabelecido. O astro, que até então fora tido como propriedade de nossa humanidade para futuras explorações e estabelecimento de bases permanentes, guardava uma realidade muito diferente daquela imaginada pela quase totalidade da população. O satélite natural de nosso planeta estava literalmente ocupado em larga escala por forças alienígenas, representantes de uma ou mais civilizações extraplanetárias.

Sob essa perspectiva, os próximos passos do programa espacial norte-americano e, evidentemente, também soviético, teriam de ser planejados e estruturados. Não havia como fingir que nada havia se modificado. Certamente, também fazia parte das considerações de ambos os lados, inimigos ideológicos que haviam provocado a divisão do planeta Terra em dois grandes blocos, a seguinte questão: como os extraplanetários estabelecidos na Lua reagiriam às nossas ambições de conquista de nosso satélite natural?

Meu interesse por esse assunto, quando fazia ufologia em termos públicos, acabou me levando a realizar inúmeras palestras sobre o tema que englobavam também as experiências de astronautas com UFOs. Porém, com o passar dos anos, de certa maneira devido à dedicação a outros aspectos da ufologia, deixei essa temática em segundo plano, até que, recentemente, algo me chamou a atenção para o assunto, fazendo com que eu voltasse a investigar essa área.

Tudo recomeçou quando tomei conhecimento do artigo "Dark mission: the secret history of NASA" (Missão obscura: a história secreta da NASA), publicado no início de outubro de 2007, no jornal *New York Times*, em que o Dr. Ken Johnston apresentava denúncias graves sobre processos de acobertamento de informações da agência espacial norte-americana. O cientista havia sido gerente da Divisão de Controle de Dados e Fotografias do Laboratório de Recepção Lunar da NASA na época do projeto Apollo. Segundo a matéria, Johnston havia recebido ordens para destruir todas as imagens que revelassem de maneira mais objetiva a existência de ruínas e sinais da presença de tecnologia extraterrena na Lua.

O Dr. Ken Johnston, gerente da Divisão de Controle de Dados e Fotos do Laboratório de Recepção Lunar da NASA, durante os esforços de exploração de nosso satélite durante o projeto Apollo na década de 70. No início de outubro de 2007, mediante uma matéria no jornal "New York Times", o cientista da NASA, que seria logo em seguida demitido, afirmou ter recebido no passado ordens para destruir todas as fotos mais críticas, que revelavam ruínas e sinais de tecnologia alienígena na Lua (Arquivo Petit).

Na época de publicação do artigo, Johnston fazia parte do programa espacial norte-americano, mas logo em seguida, em 23 de outubro, foi demitido sumariamente pela agência espacial, sendo afastado das funções que exercia no famoso Laboratório de Propulsão a Jato (JPL) situado em Pasadena.

Poucos dias depois de sua demissão, em 30 de outubro, Johnston prestava um testemunho público em uma conferência no National Press Club, em Washington, em um evento da entidade The Interprise Mission, liderada por Richard C. Hoagland, ex-consultor da NASA e conselheiro científico do canal CBS News durante as missões do projeto Apollo. Johnston revelou, inclusive, que, contrariando as ordens recebidas, preservara parte das imagens mais críticas.

Diante dessas notícias, percebi que chegara o momento de investigar novamente os arquivos de imagens da agência espacial (NASA), agora disponibilizados na Internet na forma de um número muito grande de páginas. Na verdade, eu não tinha a menor ideia do que estava sendo disponibilizado. De início, encontrei uma grande quantidade de páginas particulares de inúmeros investigadores, que já vinham divulgando imagens reveladoras, mas eu não estava disposto a repassá-las sem prévia verificação de sua seriedade e, principalmente, da origem desse material. Para esse tipo de trabalho, não havia opção, a não ser a busca das fotografias nos sites oficiais da agência espacial ou naqueles mantidos por instituições de pesquisa relacionadas a essa agência, que participam de suas atividades e programas.

Pouco tempo antes desses fatos, curiosamente, a NASA tinha vindo a público, o que foi divulgado em larga escala pela mídia em geral, para revelar que estavam desaparecidos os filmes realizados durante as missões do projeto Apollo, que havia levado 12 homens ao solo lunar. Essa notícia, entretanto, passou a ser tida por mim como algo não só inusitado como também de caráter duvidoso, pois pouco tempo depois eu recebia de um amigo um DVD especial, produzido com o apoio direto da agência espacial, contendo uma quantidade expressiva dessas filmagens. Mesmo que os filmes originais estivessem de fato perdidos – algo difícil de entender e aceitar –, havia um número razoável de registros preservados. Eu imaginei, inclusive, que deveriam existir, na forma de outras produções e mídias, outros materiais do mesmo tipo, preservando de forma mais perene tais registros e documentação.

Pensar de maneira diferente seria uma atitude ingênua.

Fotografias desaparecidas oficialmente

Pude confirmar, ainda, que muitas fotografias do projeto Apollo haviam desaparecido, o que foi assumido oficialmente. Os números dessas imagens constam dos catálogos, por exemplo, do portal do Lunar and Planetary Institute, mas, ao clicarmos sobre eles, nos deparamos com a informação de que as fotografias estão desapareci-das. Entretanto, o que mais me surpreendeu foi a existência, nos referidos catálogos, de imagens extremamente reveladoras, nas quais podemos ver, além de UFOs, ruínas de antigas construções e sinais da presença de extraterrestres na atualidade, na forma de estruturas artificiais. Porém, encontrar essas imagens não é tarefa fácil, pois tais fotografias estão entre milhares que não apresentam nada relacionado ao assunto de nosso interesse.

A sede do Lunar and Planetary Institute, em Houston, no Texas. Em seu site, o autor desse livro, confirmou, que os responsáveis pelo mesmo, assumem oficialmente e publicamente, que fotos dos arquivos das missões Apollo estão "desaparecidas" (Lunar and Planetary Institute. Arquivo Petit).

Astronautas silenciados

Não há dúvida de que o projeto Apollo foi além do que foi divulgado em termos oficiais. Maurice Chatelaim, por exemplo, que na época do projeto foi chefe dos sistemas de comunicações da NASA, fez vários pronunciamentos no passado, afirmando que todos os voos espaciais, não só do projeto Apollo como também do projeto Gemini, que permitiu à NASA desenvolver o processo de acoplamento entre naves no espaço, foram acompanhados de perto por veículos espaciais de origem extraterrestre. Afirmou, inclusive, que os astronautas receberam ordens para manterem silêncio sobre aqueles fatos.

Claramente compatíveis com essas ideias são algumas das declarações feitas pelo Dr. Glenn Seaborg, físico nuclear, Prêmio Nobel, que, na época do projeto que levou homens à Lua, era presidente da Comissão Atômica dos Estados Unidos. Segundo suas palavras, proferidas em dezembro de 1969, durante uma visita oficial a Moscou, os astronautas norte-americanos haviam trazido fotografias que mostravam traços e vestígios da passagem de criaturas inteligentes pelo solo lunar. O cientista norte-americano disse, ainda, que em várias fotografias da face oculta fora constatada a presença de rastros deixados por veículos de origem desconhecida, que haviam se movimentado pela superfície selenita em época ignorada.

Mais mistérios

Não menos misteriosos foram também os sinais ou variações registradas pelos soviéticos sob a forma de distorções do campo magnético lunar, notadas toda vez que uma nave norte-americana cruzava o limite, o "horizonte lunar", passando para a face oculta da Lua. Algo de grandes proporções deveria provocar tal efeito. Os soviéticos chegaram a colocar uma espaçonave, a Luna 15, em órbita de nosso satélite, para tentar resolver esse mistério durante a missão da Apollo 11.

A espaçonave Luna 15, lançada pelos soviéticos três dias antes da Apollo 11, com o objetivo de acompanhar a missão norte-americana. Os soviéticos pretendiam voltar a Terra trazendo amostras lunares antes dos astronautas dos EUA. Esse objetivo não foi conseguido, pois depois do pouso do módulo lunar no Mar da Tranquilidade, e do passeio dos astronautas fora da nave, a espaçonave soviética acabou por se espatifar em sua tentativa de pouso no Mar das Crises (Arquivo Petit).

Mas uma coisa parece certa. Os astronautas que chegaram à Lua travaram contato com uma realidade para a qual não estavam preparados, responsável, pelo menos em parte, pelos problemas existenciais que a maioria passou a sofrer após o retorno à Terra.

Desde a primeira missão tripulada a entrar em órbita de nosso satélite, a Apollo 8, as revelações nas comunicações entre os astronautas e o centro de controle das missões não deixavam dúvida de que algo importante estava se desenvolvendo, mesmo com a utilização de palavras ou códigos previamente escolhidos para mascarar a verdade Outras vezes foi usado também um canal alternativo, totalmente vedado à mídia, por meio do qual essa verdade era manifestada claramente.

Nessa missão, por exemplo, depois de um silêncio maior do que o esperado, após terem mergulhado pela primeira vez na face oculta de nosso satélite, James Lovell comunicou ao centro de controle em Houston que "haviam acabado de informar que Papai Noel existia". Essa mesma referência fora utilizada em outras missões para reportar a presença de UFOs. Outra palavra também muito usada era "duende".

Sinal misterioso

Alguns fatos misteriosos que envolveram o projeto Apollo só foram divulgados pela agência espacial muitas décadas depois. Um deles envolve os astronautas da missão Apollo 10 – o comandante do voo, Thomas Stafford; o piloto do módulo de comando, John Young, e o piloto do módulo lunar, Eugene Cerna –, quando sobrevoavam, em uma das órbitas, a face oculta da Lua, durante a segunda missão tripulada, no processo de preparação da primeira alunissagem.

Como é do conhecimento daqueles que acompanharam as missões Apollo, quando qualquer uma das naves em órbita da Lua, passava a sobrevoar a face que fica permanentemente voltada para o lado oposto da Terra, ocorria um blecaute nas comunicações de rádio. Ou seja, nenhum sinal era captado pelo sistema do módulo de comando da espaçonave nem pelo sistema do módulo lunar, que estavam acoplados durante todo o período. De maneira inexplicável, os três astronautas começaram a ouvir, saído do rádio da espaçonave, um misterioso som. A primeira divulgação dessa história se deu no documentário "Os documentos inexplicáveis da NASA", levado ao ar pelo canal internacional Discovery Channel e exibido pela primeira vez no Brasil no dia 22 de fevereiro de 2016.

Os astronautas da missão Apollo 10, que passaram pela misteriosa experiência de ouvirem pelo rádio de bordo da espaçonave, justamente quando estavam sobrevoando a face oculta da Lua, e sem qualquer comunicação com a Terra, um estranho som, ou "musica" (NASA. Arquivo Petit).

Presença Alienígena na Lua   63

"Você ouviu isso? Esse apito?", pergunta Eugene Cernan na gravação. "É realmente uma música rara", responde o astronauta na gravação, que registrou o referido som enquanto a espaçonave se movimentava em torno da Lua. O fenômeno, a captação dessa "musica especial", teve duração, segundo a NASA, de uma hora, mas, de acordo com as informações dadas no documentário, os astronautas chegaram a discutir se deveriam ou não repassar o material e as informações sobre o que haviam testemunhado para o centro de controle da missão em Houston, no Texas, temendo não serem levados a sério, o que poderia prejudicar suas carreiras e influenciar negativamente as possibilidades de participação em futuros voos dentro do projeto de exploração lunar. Entretanto, repassaram para a agência espacial todo o material, o qual ficou guardado, sem qualquer divulgação, durante décadas.

A NASA garantiu, é claro, que aqueles "ruídos" não possuíam origem alienígena ou extraterrestre. O programa do Discovery Channel entrevistou uma engenheira da agência espacial, que explicou o fenômeno como algo decorrente de uma interferência gerada em conjunto pelos rádios do módulo lunar e do módulo de comando da espaçonave. A produção norte-americana ouviu ainda o comandante do módulo de comando da espaçonave Apollo 15, o astronauta Al Worden, que refutou categoricamente a explicação da agência espacial: "A lógica me diz que se algo foi registrado ali, deve haver algo ali", afirmou para o programa.

Declarações sobre UFOs

Só mais recentemente o astronauta Edwin Aldrin resolveu admitir publicamente a presença do UFO que acompanhou a Apollo 11 em parte de seu trajeto rumo à Lua, descrevendo em detalhes as manobras que o aparelho executou em certo momento do contato. Segundo Aldrin, o objeto tinha a forma oval. Entretanto, ele e seu companheiro Neil Armstrong continuam a manter segredo sobre o que teria acontecido na Lua logo em seguida ao pouso. Em uma dessas comunicações censuradas, mas que teriam sido gravadas por radioamadores, os dois astronautas reportam a presença de naves e mesmo uma forma de vida.

Em outra dessas transmissões nunca admitidas pela NASA, também supostamente interceptada por radioamadores, um dos tripulantes da Apollo 17, o astronauta Eugene Cernan, revelava: "Estou observando mais um bloco, exatamente na parte norte da rampa. É uma pirâmide. Não... Tem a forma triangular... Mas o que é isto? Estou numa espécie de trilha. O que acham disso? E essas coisas voando sobre nós?".

Os astronautas Neil Armstrong, Michael Collins e Edwin Aldrin da Apollo 11. Segundo Aldrin passou a falar abertamente nos últimos anos mediante suas estrevistas, todos puderam ver um UFO quando ainda estavam a caminho da Lua.

Uma exceção a esse procedimento ou situação de sigilo diz respeito às declarações do astronauta Charles Conrad, tripulante da Apollo 12, à revista romena *Scientia*. Segundo ele, "de modo geral, o solo da Lua dá a impressão de ser intocado. Mas, algumas vezes, parecia que o solo tinha sido revolvido. Em dois ou três desses lugares, percebemos também pegadas, como que feitas por pés humanos. Tiramos fotografias desses rastros e nossos especialistas estão agora examinando as fotos".

Diante do que vimos até agora, é surpreendente o silêncio mantido pelos astronautas. Mesmo o astronauta Edgar Mitchell, o sexto homem a pisar o solo de nosso satélite (Apollo 14), que faleceu em fevereiro deste ano (2016) e que falava abertamente sobre UFOs e da presença extraterrena em nosso planeta, abordando sem receios, inclusive, casos de queda de discos voadores em solo norte-americano, mantinha o mesmo silêncio de seus companheiros quando o assunto era a Lua. Parece que, por motivos sobre os quais no momento podemos apenas especular, a presença de extraterrestres em nosso satélite natural assumiu um nível de segurança e sigilo maior do que quando se trata da presença desses objetos e seres em nosso planeta.

Parece certo, também, que o projeto Apollo foi desenvolvido em tempo recorde não apenas para superar os soviéticos na corrida espacial, que estavam sempre na frente, desde o lançamento do primeiro satélite. Porém, o mais surpreendente foi o fato de os soviéticos, depois de todo o desenvolvimento conseguido, terem abdicado não só de chegarem com naves tripuladas à Lua antes dos norte-americanos como também nunca mais terem manifestado qualquer pretensão em relação a esse satélite, o que acabou acontecendo com os norte-americanos, que, inclusive, cancelaram as últimas missões do projeto Apollo. Logo depois, curiosamente, foi realizada uma missão conjunta das duas superpotências na órbita terrestre, mas a Lua parecia não fazer mais parte desses planos. Parece existir algo misterioso por trás desses fatos. De maneira intuitiva, começo a perceber a possibilidade de os norte-americanos terem chegado à Lua literalmente como representantes de nossa humanidade, não em termos de uma retórica consumista, mas de fato.

Depoimentos reveladores

Depoimentos prestados nos últimos anos, inclusive por militares que estiveram envolvidos com o programa espacial dos Estados Unidos, como o sargento Karl Wolfe, revelam o que eu já havia concluído: os norte-americanos e, evidentemente, os soviéticos, já no meio da década de 1960, sabiam qual era a realidade lunar a ser enfrentada. Wolfe, que na época servia na Langley Field Air Force Base e fazia parte das atividades do programa de mapeamento lunar do projeto Lunar Orbiter, deu um depoimento público no National Press Club durante uma das seções do Disclosure Project, criado pelo Dr. Steven Greer.

Na oportunidade, o militar revelou como fora chamado a um dos laboratórios que processavam as imagens das sondas enviadas à Lua, que estava com um de seus equipamentos apresentando defeito. Sua missão era apenas resolver o problema, mas teve a oportunidade, mediante outro militar que o recebera no local, de ver imagens impressionantes, que revelavam a presença de várias instalações ou bases extraterrestres na face oculta de nosso satélite. Segundo ele, havia imagens claras de estruturas com formas geométricas, construções circulares, torres, coisas que pareciam discos de radares, só que eram muito maiores, etc. Em outra imagem mostrada a ele, havia um grande número de estruturas agrupadas. Algo totalmente inacreditável, pelo menos em termos daquilo que é conhecido e divulgado oficialmente para a humanidade.

Voltando a tratar do material fotográfico que está sendo disponibilizado pela NASA e por instituições norte-americanas relacionadas ao programa espacial do país, fica patente a mudança na postura do sigilo. Uma quantidade expressiva, na verdade, milhares e milhares de fotografias dos programas Ranger, Lunar Orbiter, Surveyor e Apollo, está sendo disponibilizada, entre as quais várias que apresentam sinais evidentes da presença de ruínas e outras estruturas ou construções na Lua. Além de ter conseguido localizar várias que estavam sendo expostas em sites particulares, encontrei outras que não haviam sido ainda identificadas. Até imagens de pegadas que parecem não conferir em termos de modelo e tamanho com as deixadas pelos astronautas norte-americanos podem ser acessadas. Eu encontrei várias fotografias que documentam justamente essa realidade nos arquivos, por exemplo, da primeira missão tripulada a pousar na Lua (Apollo 11) e da missão seguinte, Apollo 12.

Pegadas de alienígenas

Nenhum dos astronautas da Apollo 11, cujo módulo lunar pousou no chamado mar da Tranquilidade, fez qualquer menção pública a esse fato, mas pelo menos um dos astronautas da Apollo 12 mencionou, em uma entrevista, como já revelei antes, a presença de tais pegadas, localizadas por mim em fotografias expostas no portal do Lunar and Planetary Institute. Uma das mais impressionantes que descobri é a de número AS-12-57-8448B, que contém o registro de uma pegada tomado a poucas dezenas de centímetros de distância. É evidente que essa pegada é totalmente diferente daquela que seria produzida pelo solado das botas dos astronautas norte-americanos, conforme já destaquei em inúmeras palestras, que tenho proferido sobre nossas imagens espaciais.

Mas existe uma questão fundamental por trás desses registros. Essas pegadas, que foram fotografadas nos pontos em

Comparação entre a clássica pegada deixada na Lua por Neil Armstrong, e a presente na imagem AS12-57-8448B, uma das fotografias que encontrei nos catálogos do Lunar and Planetary Institute, documentando a presença de pegadas com padrão diferenciado das que seriam compatíveis com as botas dos astronautas norte-americanos. A imagem faz parte do arquivo da missão Apollo 12, da qual participou o astronauta Charles Conrad, o único pelo meu conhecimento a mencionar em uma entrevista este tipo de achado (NASA - Lunar and Planetary Institute. Arquivo Petit).

que os módulos lunares pousaram, estavam lá antes da efetivação das alunissagens dos veículos espaciais norte-americanos ou são o registro da presença de alienígenas nesses locais, em meio às próprias missões lunares? Seriam evidências diretas do contato entre outras formas de vida e nossos astronautas?

As análises que fiz não só das pegadas como também dos locais onde são visíveis esses registros não nos permitem definir uma resposta. Como na Lua não existe atmosfera ou qualquer forma de efeito erosivo, uma pegada deixada hoje em sua superfície pode permanecer milhões de anos totalmente preservada, da mesma forma que outra deixada lá milhares de anos atrás pode perfeitamente aparentar ser tão nova quanto as que foram produzidas por nossos astro-

Solado das botas dos astronautas, incompatível com o registro das pegadas fotografadas durante a missão Apollo 12. (NASA. Arquivo Petit).

nautas. Mas a ideia de nossos módulos lunares terem descido justamente em pontos onde no passado os alienígenas estiveram, deixando evidências de sua passagem, parece-me, sinceramente, um grande "golpe de sorte" ou uma grande coincidência. A não ser que os pontos de alunissagens tenham sido escolhidos levando-se em consideração, além das questões de segurança ligadas ao pouso de cada módulo, algum tipo de evidência prévia da presença alienígena, ideia que não pode ser também descartada por vários fatores.

Mas como já escrevi, é necessário muita dedicação para encontrar esse tipo de material mais contundente nos catálogos de imagens. Eu mesmo, até o momento, só consegui examinar uma ínfima parte da totalidade dessas fotografias, mas existem, hoje, inúmeros investigadores, principalmente no exterior, empreendendo o mesmo tipo de busca, o que tem possibilitado muitas descobertas.

UFOs em pontos de pousos

Outro tipo de evidência atesta os possíveis encontros dos nossos astronautas com entidades alienígenas. Trata-se de naves alienígenas fotografadas após a efetivação das alunissagens nos seis pontos em que os norte-americanos pousaram em nosso satélite. Alguns desses objetos são vistos diretamente nas imagens hoje disponibilizadas, mas, em outras situações, a agência espacial só nos permite observar a presença de UFOs como reflexos nos capacetes desses astronautas.

Não é novidade que, tanto em filmes do passado como na moderna tecnologia digital, podemos encontrar "objetos" ou "estruturas" que não possuem uma realidade física, que foram produzidos por problemas técnicos nos filmes ou durante

A foto AS12-49-7319 obtida durante a missão Apollo 12 documentando a presença da misteriosa manifestação luminosa (NASA - Lunar and Planetary Institute. Arquivo Petit).

Presença Alienígena na Lua 69

o processo de revelação no caso das imagens do passado, ou por outros efeitos, como a incidência de raios cósmicos que afetam os pixels das atuais imagens digitais. Mas, em alguns casos que tive oportunidade de analisar, explicações desse tipo devem ser consideradas com muito cuidado antes de sua aceitação. Nas fotografias do projeto Apollo, por exemplo, existem anomalias interessantes relacionadas a várias sequências fotográficas tomadas pelos astronautas.

Uma das fotografias mais sugestivas e interessantes é uma imagem tomada durante a missão Apollo 12 por um dos dois astronautas que chegaram à superfície de nosso satélite no módulo lunar Intrepid. A fotografia em questão apresenta uma manifestação luminosa em sua parte superior no mínimo bastante curiosa.

Eu já tinha observado essa imagem em vários sites particulares, mas não havia qualquer referência objetiva que facilitasse a localização do original nas páginas relacionados à agência espacial. Tudo que eu encontrava se resumia à identificação da fotografia como pertencente aos arquivos da missão Apollo 12, o que, evidentemente, em meio às milhares presentes nos sites oficiais da NASA, não serviria para muita coisa. Porém, com algum esforço, tive a sorte de localizar não só o original da imagem como também toda a sequência fotográfica relacionada.

Descobri que a fotografia é a imagem AS12-49-7319, obtida com uma câmera Hasselblad de 70 mm, que pode ser vista também no portal do Lunar and Planetary Institute. Ela mostra um dos dois astronautas fotografado por seu companheiro de missão a algumas dezenas de metros de distância, e, por trás dele, uma forma luminosa que cobre a totalidade do campo superior do documento fotográfico em seu sentido horizontal, deixando uma pequena parte do espaço superior livre desse tipo de efeito ou fenômeno luminoso.

Quando observei essa imagem pela primeira vez, pensei se tratar de algo banal, ou seja, um simples defeito na fotografia. Porém, quando localizei a sequência fotográfica da qual essa imagem faz parte, mudei de ideia. Seria um UFO, alguma forma de manifestação energética luminosa que afetou o quadro fotográfico, ou não podemos descartar se tratar apenas de um defeito fotográfico? Para responder a essas questões, mesmo que não seja de maneira definitiva, o que só poderia ser feito mediante o negativo original, que não está disponível, fui verificar os detalhes presentes nas imagens anteriores do mesmo filme e também nas imediatamente posteriores. A fotografia anterior, imagem AS12-49-7318, tomada poucos segundos antes, apesar de mostrar quase exatamente a mesma paisagem lunar e o astronauta basicamente na mesma posição, não apresenta qualquer sinal do "efeito luminoso". A única diferença mais evidente está no fato de o astronauta ter sido enquadrado na imagem de forma mais centralizada em relação ao campo da fotografia. Ou seja, apesar de esse quadro do filme estar imediatamente antes daquele que apresenta a anomalia luminosa, não foi afetado em nenhum sentido, seja por algum tipo de problema no filme, seja no processo de revelação.

A fotografia seguinte do mesmo rolo de filme que apresenta a misteriosa manifestação luminosa, de número AS12-49-7320, não revela mais uma imagem do horizonte lunar como nas duas anteriores. Documenta apenas uma parte da superfície de nosso satélite nas proximidades do astronauta que acionou a câmera, deixando aparecer parte de seu companheiro de missão que estava também nas proximidades. Parece mesmo uma fotografia sem sentido, mas o que nos interessa é que nesta também não encontrei qualquer sinal de problema no filme ou algo parecido. Ou seja, a anomalia luminosa observada na imagem AS12-49-7319, que é semelhante a muitas manifestações ufológicas já documentadas fotograficamente em nosso planeta, apresenta todas as indicações, após examinarmos a sequência fotográfica desse rolo de filme, de se tratar de algo inusitado e pode se constituir em mais uma evidência das manifestações ufológicas que acompanharam o projeto Apollo e, principalmente, as missões que pousaram em nosso satélite.

Independentemente do interesse geral dos alienígenas em acompanhar e monitorar nossas atividades espaciais ligadas à exploração lunar, provavelmente eles devem ter dado maior importância à parte de cada missão relacionada às alunissagens.

UFO em um reflexo

Continuando a abordar as fotografias relacionadas à segunda missão a pousar na superfície de nosso satélite natural, não poderia deixar de destacar, devido à sua importância no contexto da presença alienígena nas proximidades dos pontos escolhidos pela NASA para receber a visita de nossos astronautas, a fotografia AS12-48-7071. Essa imagem, que, de maneira equivocada é apresentada em muitas páginas particulares que tratam do tema deste livro como tendo sido conseguida durante a missão de número 14, como o próprio número da fotografia nos catálogos da agência espacial norte-americana revela, foi obtida pelos astronautas da Apollo 12.

Essa fotografia apresenta, além do aspecto mais relevante,

A imagem AS12-48-7071 também da missão Apollo 12 na qual pode ser visto mediante reflexo no capacete do astronauta a forma de um objeto voador não identificado, "flutuando" no espaço à frente do astronauta (NASA - Lunar and Planetary Institute. Arquivo Petit).

que está relacionado à presença do UFO, outra anomalia que pode estar ou não relacionada ao objeto voador não identificado. Talvez alguma forma de energia proveniente do UFO possa ser responsável pela área mais clara e luminosa, facilmente percebida, ou vista, nessa imagem, acima do horizonte lunar. Na verdade, esse efeito pode ser constatado se dermos mais atenção à parte da superfície lunar e do astronauta enquadrado na mesma imagem.

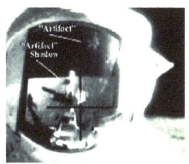

Detalhe da imagem AS12-48-7071 onde pode ser visto o UFO que pairava na frente do astronauta norte-americano no momento em que ele foi fotografado por seu companheiro (NASA - Lunar and Planetary Institute. Arquivo Petit).

Nesse caso, não estaríamos diante de algo físico no espaço acima da superfície e, sim, de um efeito diretamente no filme, que pode ser apenas algo resultante de algum problema com ele ou mesmo relacionado ao processo de revelação.

Entretanto, o que não pode ser explicado dessa forma é a presença do objeto que pairava a poucos metros da superfície lunar, cuja imagem pode ser vista na forma de seu próprio reflexo no capacete do astronauta. A imagem é muito clara e não deixa dúvidas quando à sua realidade física. Pude analisar detalhadamente essa imagem após localizar seu original no portal do Lunar and Planetary Institute, onde encontrei a fotografia com um grau de definição bastante razoável. É mais uma evidência de que os astronautas que pousaram na Lua ficaram de fato frente a frente com UFOs.

Meu trabalho investigativo, como o de pesquisadores do exterior, desenvolvido nos portais oficiais da NASA e de seus institutos, permitiu localizar dezenas e dezenas de imagens nos arquivos do projeto Apollo, onde tanto UFOs como torres, obeliscos, rastros de deslocamentos, construções de base geométrica etc. podem ser observados diretamente, mesmo que, algumas vezes, com um nível de definição inferior.

Essa situação se verifica tanto nas imagens tomadas da órbita lunar quanto nas fotografias obtidas pelos astronautas

Presença Alienígena na Lua 73

que desceram até a superfície do satélite que ilumina nossas noites na Terra. Outro aspecto que aparece em algumas dessas imagens são os sinais de ruínas localizadas no interior de algumas crateras, como também nas regiões conhecidas como mares, onde a superfície é mais suave e menos acidentada. Qual seria o significado dessas estruturas, tão semelhantes, algumas vezes, aos vestígios de civilizações que existiram em nosso planeta? Parte desse acervo impressionante, cuja existência parece surreal frente às declarações oficiais da agência espacial, foi conseguida com a utilização dos jipes lunares que fizeram parte das missões Apollo 15, 16 e 17, permitindo que nossos astronautas se afastassem dos pontos de pouso para cumprir missões cujos objetivos apenas agora começamos a vislumbrar. Apesar de todo o sigilo que ainda impera em relação à realidade lunar, a postura da agência espacial, indiscutivelmente, foi progressivamente alterada, principalmente com a publicação, ou liberação, em seus portais, de fotografias reveladoras relacionadas às imagens tomadas da órbita lunar.

Hangares na Lua?

Para citar um exemplo que envolve essa situação, ressalto a existência de estruturas artificiais semelhantes aos nossos hangares, ou que lembram coisas semelhantes existentes em nosso planeta, em bases militares etc. Construções desse tipo começaram a ser detectadas de maneira mais objetiva, apesar dos sinais da existência de estruturas com essa forma, ou padrão, já terem sido notadas nos arquivos das missões do projeto Lunar Orbiter, nas imagens orbitais de várias das missões do projeto que levou os astronautas norte-americanos à Lua.

Uma das séries de fotografias mais interessantes relacionadas a esse tipo de evidência foi conseguida pelos astronautas da missão Apollo 17, em dezembro de 1972. Essa sequência fotográfica documenta uma área situada na região sul do chamado mar das Chuvas (*mare Imbrium*), em que pude observar duas estruturas de padrão inusitado lembrando justamente a forma de alguns de nossos hangares.

O que me chamou a atenção na primeira dessas fotografias

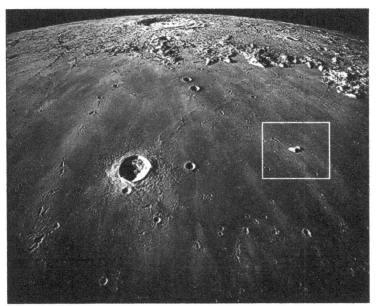

A fotografia AS17-M-2444, a primeira da série, que revela duas estruturas semelhantes aos nossos hangares. A cratera maior na imagem possui aproximadamente 20 km de diâmetro. Ou seja, as duas estruturas são gigantescas (NASA - Lunar and Planetary Institute. Arquivo Petit)

(AS17-M-2444) foi o fato de as duas estruturas apresentarem a mesma orientação, com seus eixos maiores direcionados na mesma direção, além de estarem muito próximas e cercadas por uma área onde o relevo lunar é extremamente suave, fruto do preenchimento de uma cratera gigantesca, por lava, em passado remoto. Essas formas estão a cerca de 100 km de distância da cratera Pitheas, que apresenta uma superfície interna curiosa, cuja natureza foi alvo de questionamentos quanto à possibilidade de ter sido também manipulada, devido a sinais de artificialidade.

Pitheas, cujo diâmetro é de 19,6 km, serve de base para mensuração da grandeza das estruturas em forma de hangar. A simples comparação das dimensões dessas construções com o diâmetro da referida cratera revela que esses objetos possuem vários quilômetros de extensão, o que torna sua identificação ainda mais importante, confirmando, mais uma vez, que algumas das estruturas artificiais encontradas em nosso satélite pos-

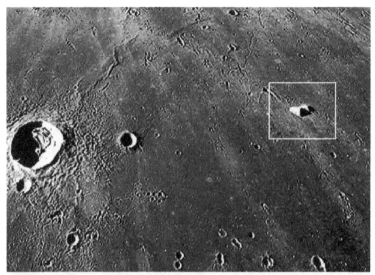

Ampliação da imagem AS17-M-2444 destacando as formas semelhantes aos nossos hangares (NASA - Lunar and Planetary Institute. Arquivo Petit).

suem de fato dimensões gigantescas, se comparadas a modelos semelhantes que nossa civilização já produziu na Terra.

    Meus estudos desses objetos, que, devido à forma, resolvi chamar de hangares, apesar da evidente natureza artificial, não permitiram o estabelecimento da real função, ou sentido, por trás de suas construções. Eles fazem parte dos mistérios relacionados à presença alienígena em nosso satélite. Esse tipo de busca por respostas para sua existência, mediante observação dos detalhes externos, permitiu que eu concluísse que estamos diante de antigas construções, que, hoje, provavelmente, não estariam mais sendo utilizadas. Ou seja, fazem parte do arquivo de ruínas ligadas ao passado da história da presença extraterrestre na Lua. Essa conclusão, é claro, pode ser questionada, já que podemos estar observando apenas os contornos de algum tipo de camada desenvolvida para proteger a área interna dessas possíveis bases alienígenas do impacto de bólidos etc. Essa imagem, entre outros endereços eletrônicos da agência espacial norte-americana, pode ser observada também nos arquivos do projeto Apollo, no portal do Lunar and Planetary Institute.

    Os mesmos objetos podem ser observados, entre outras fotografias, na imagem AS17-M-2448, que, como acontece com a anterior, tenho apresentado em inúmeras conferências realizadas em várias cidades do país, quando o tema são os sinais da atividade extraterrestre em nosso satélite. Considero essa segunda fotografia, inclusive, superior em termos de importância, devido a uma série de detalhes. Essa imagem permite uma visão mais frontal da parte em que, suponho, teríamos a entrada para a área interna desses "hangares". A fotografia, ao permitir uma visualização da superfície lunar em direção oposta à da cratera Pitheas, revela outras anomalias, evidências da passagem, ou presença, dos alienígenas por essa região do mar das Chuvas.

Estrutura artificial

Justamente nessa área da superfície selenita, que não podia ser observada na imagem anterior, localizei outra estrutura, que apresenta também, apesar de totalmente diferenciada dos objetos em forma de hangar, sinais de artificialidade. Esse terceiro objeto, ou construção, possui forma retangular e, apesar de ser de tamanho inferior, possui uma dimensão suficientemen-

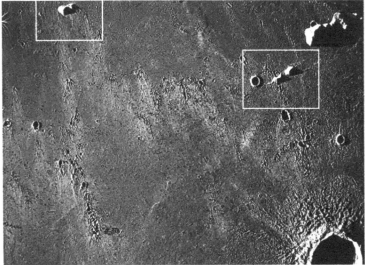

Ampliação da imagem AS17-M-2448, na qual podem ser vistas as estruturas semelhantes a hangares, e no lado direito superior, uma edificação de padrão geométrico, em forma de retângulo (NASA - Lunar and Planetary Institute. Arquivo Petit).

Presença Alienígena na Lua

te avantajada para ser localizado com facilidade na fotografia. Trata-se de uma edificação de base geométrica, de forma retangular, com centenas de metros de altura e vários quilômetros de comprimento. É mais uma evidência do potencial tecnológico e científico e da capacidade de realização alienígena, cuja presença na Lua, mais cedo ou mais tarde, será do conhecimento de todos.

Mudança de postura

Alguém parece ter decidido que já temos o direito de ver essas imagens, desde que sejamos "merecedores" desse privilégio. Essa situação está sendo oferecida àqueles que já perceberam que a verdade é algo maior e mais complexo do que aquilo que nos é mostrado oficialmente. Ou seja, estamos sendo convidados, de maneira sutil, e ao mesmo tempo extremamente inteligente, a participar do processo gradual de revelação da verdade. Mas não devemos ter ilusões. Existe, ainda, claramente, uma guerra subterrânea dentro das instituições e organizações que até agora geriram o processo de sigilo. Mas do que isso: muitos de seus membros são representantes de uma espécie de poder paralelo, que está acima, inclusive, das administrações democrática e legalmente constituídas, e atuam sem qualquer tipo de controle. Exercem seu poder em termos planetários. Representam a indústria armamentista, os sistemas de produção de energia e estão à frente do sistema financeiro internacional. Manipulam a ciência para materialização de seus objetivos, mesmo que isso leve o planeta à falência ambiental.

Esse grupo é o mesmo que deseja implantar de forma definitiva um processo de militarização no espaço. Algo que, provavelmente, não será aceito pelas civilizações extraterrestres presentes hoje não só na Terra como em outros pontos de nosso sistema solar, assim como em nosso satélite natural. As implicações desse jogo de poder são imprevisíveis.

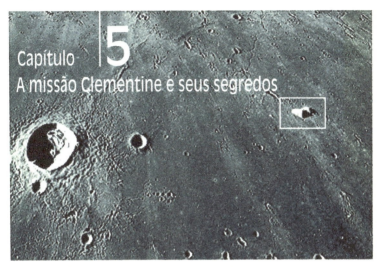

Capítulo 5
A missão Clementine e seus segredos

Em 1994, mais de vinte anos depois do fim do projeto Apollo, os norte-americanos voltaram ao nosso satélite e, dessa vez, o envolvimento e o interesse militar eram explícitos, com participação direta da área armamentista – uma missão concebida, elaborada e implementada, além de financiada, por esses setores. Isso chega a ser irônico, para não dizer assustador. Em 25 de janeiro daquele ano, era lançado, a partir da Base da Força Aérea de Vandenberg, o Deep Space Program Science Experiment (DSPS), mais conhecido como Clementine, uma espaçonave de alta tecnologia, anos-luz à frente de tudo que já havia sido enviado à Lua.

Para que se tenha uma ideia do que foi esse projeto, entre a concepção e o lançamento da espaçonave em direção à Lua se passaram apenas 22 meses. Algo fora de todos os padrões da exploração espacial.

A espaçonave Clementine que obteve imagens impressionantes sobre os sinais da atividade alienígena na Lua (NASA. Arquivo Petit).

79

O "consórcio" responsável pelas várias fases da missão envolveu o Naval Research Laboratory, o Lawrence Livermore National Laboratory, o Ballistic Missile Defense Organization e a NASA, além da Força Aérea, cuja participação esteve restrita ao lançamento. Um conjunto de forças nem um pouco convencional, se pensarmos na exploração pacífica do espaço.

Uma das imagens obtidas pela espaçonave Clementine documentando estruturas de padrão geométrico de caráter claramente artificial (Naval Research Laboratory. Arquivo Petit).

Outro marco nessa missão, antes de falarmos no que ela representou em nossa área de interesse, refere-se a seus custos. Da concepção à execução, ela contou com um orçamento equivalente a 80 milhões de dólares, uma demonstração clara do potencial e da capacidade desses setores em desenvolverem projetos revolucionários. Toda essa história deixou uma mensagem subliminar: o programa espacial dos Estados Unidos poderia passar a ser controlado diretamente pela área militar, com menos dinheiro e maior capacidade para obtenção de resultados. Uma situação bastante perigosa para o destino do programa espacial do país.

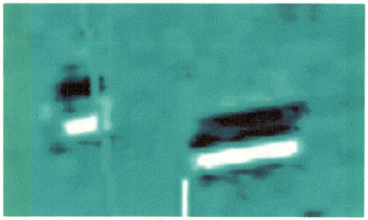

Ampliação da imagem anterior confirmando a natureza artificial dessas estruturas, ou edificações, que foram localizadas em inúmeras fotografias obtidas pelas câmeras da espaçonave Clementine (Naval Research Laboratory. Arquivo Petit).

Em apenas dois meses em órbita da Lua, a Clementine obteve mais fotografias do que todas as missões anteriores reunidas. Foram obtidas cerca de 1,8 milhões de imagens digitais. O mais extraordinário projeto de mapeamento lunar, com utilização de câmeras que trabalhavam em várias faixas do espectro eletromagnético, do infravermelho à mais moderna tecnologia ligada às ondas de radar, passando por sofisticada câmera ótica. O salto tecnológico do equipamento fotográfico presente na Clementine, em relação ao material utilizado na documentação da superfície de nosso satélite, foi algo realmente surpreendente e sem paralelo.

Controle do material fotográfico

Não é preciso dizer que o controle das imagens não ficou a cargo da NASA (apenas uma participante secundária do projeto). Por trás de uma postura de atenção e transparência com a mídia em geral, gerenciada ou conduzida em determinados momentos pelo Pentágono, que envolveu a liberação de milhares de imagens e a divulgação de vários informes científicos, estava em curso uma das maiores operações de acobertamento já esta-

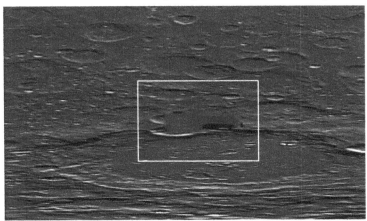

Imagem de alta resolução da espaçonave Clementine localizada pelo investigador J. P. Skipper apresentada em seu site mostrando uma área comparável em tamanho a da cidade de Los Angeles encoberta por um "defeito". A forma da área bloqueada é compatível com algumas das estruturas, que podem ser vistas em outras fotos da mesma espaçonave, mas que foram divulgadas com baixa definição (Naval Research Laboratory - J. P. Skipper. Arquivo Petit).

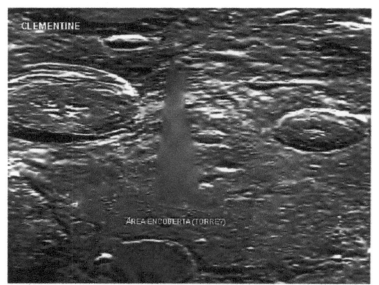

Outra imagem de alta resolução liberada pelo Naval Research Laboratory descoberta pelo pesquisador J. P. Skipper apresentando mais uma área encoberta. Chama atenção a forma desse "defeito", sugerindo que ele na verdade pode estar bloqueando a presença de uma torre gigantesca (Naval Research Laboratory - J. P. Skipper. Arquivo Petit).

belecidas em missões espaciais.

Parece claro, hoje, que, além de interesses científicos louváveis, tamanho envolvimento militar tinha interesses que estavam longe de qualquer possibilidade de divulgação, ou mesmo de serem supostos pela opinião pública. Baseada nas descobertas das várias missões precedentes, a Clementine foi concebida e enviada à Lua para estabelecer definitivamente a amplitude e o verdadeiro potencial da presença extraterrena. Um tipo de procedimento padrão inerente à área da inteligência militar. Acreditar que a Marinha norte-americana e o Pentágono resolveram se interessar pela exploração de nosso satélite com objetivos puramente científicos é uma possibilidade que não pode ser levada a sério.

O arsenal tecnológico enviado à Lua permitiu que os responsáveis pela elaboração do projeto tivessem todas as informações que lhes faltavam. Hoje, em algum lugar na estrutura militar dos Estados Unidos, existe um mapa muito especial onde é identificada cada ruína, cada vestígio da passagem de extraterrestres

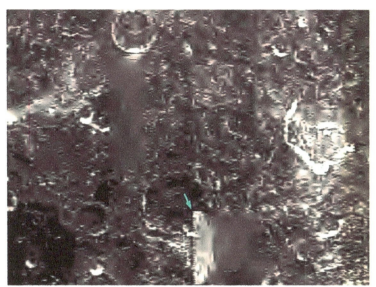

Outra fotografia apresentada por J. P. Skipper localizada entra as imagens liberadas da espaçonave Clementine. Nessa, assinalada por uma seta, temos uma estrutura gigantesca de forma geométrica, parcialmente visível, que não foi totalmente encoberta pelos gestores do programa Clementine. Uma evidência definitiva que por trás desses "defeitos" existem de fato edificações gigantescas na superfície lunar (Naval Research Laboratory - J. P. Skipper. Arquivo Petit).

e, principalmente, cada instalação ou base em operação. Como conciliar esses interesses com a divulgação de uma missão supostamente revestida apenas de objetivos científicos?

Os gestores do programa Clementine tomaram, em algum momento, uma decisão crucial, evidentemente antes da liberação de milhares de imagens em páginas e *links* para acesso público: passaram a manipular o material fotográfico de maneira escandalosa, pelo menos algumas das fotografias mais reveladoras, que fariam parte do material a ser liberado para acesso sem restrições. Entretanto, mais cedo ou mais tarde isso seria descoberto. Nesse ponto, tenho de fazer outra indagação: Será que até isso não foi planejado e faz parte do programa que vem sendo desenvolvido para o gradual estabelecimento da verdade? Ou seja, mostrar para cada um de nós que já podemos ver parte da realidade, mas não a sua totalidade?

Algumas das imagens liberadas, mesmo após esse processo de manipulação, são extremamente reveladoras. Em várias delas, apenas as estruturas maiores foram "apagadas" ou encobertas, deixando perceber coisas interessantes e outras construções menores. Em algumas dessas fotografias, os objetos, ou edificações principais, com dezenas de quilômetros de extensão, foram cobertos apenas parcialmente, como para nos mostrar que, por baixo dos borrões digitais introduzidos nas imagens, havia de fato construções ou instalações gigantescas. Esses "efeitos" ou "defeitos" possuem as mais diferentes formas ou padrões. Alguns têm forma quadrangular, outros são retangulares, e até formas compatíveis para bloquear as imagens das torres fotografadas desde as primeiras missões lunares foram descobertas. O pioneiro nesse tipo de descoberta foi o norte-americano J.P. Skipper, responsável pelo portal <www.marsanomalyresearch. com>. Apesar de o site ser dedicado diretamente ao planeta Marte e seus mistérios, Skipper apresenta uma série de evidências relativas à presença alienígena na Lua.

A imagem mais impressionante que apresenta esse tipo de encobrimento, mas que preservou visível parte da estrutura principal, cuja origem, evidentemente, é artificial, destaca, apesar de outros sinais de artificialidade na mesma região coberta pela fotografia, uma forma gigantesca triangular ou piramidal. Se examinarmos com atenção essa fotografia, constataremos o efeito de bloqueio da imagem original em boa parte da fotografia. A construção que destaquei, realizada em época desconhecida, possui cerca de um quarto aproximadamente de sua área visível, o que possibilita a constatação de sua natureza artificial. É evidente que isso não aconteceu por falha ou descuido dos responsáveis ou gestores do programa Clementine, mas para que cada um que observasse essa fotografia tivesse certeza de que não estamos diante simplesmente de uma anomalia no processo fotográfico ou de um defeito no processamento da imagem.

Mineração na Lua

Mas essa censura não atingiu todas as fotografias que seriam do nosso interesse. Algumas não foram, vamos dizer, "tocadas", e estão disponíveis para serem vistas, revelando sinais mais do que evidentes da presença alienígena. Imagens que parecem revelar a existência de processos ligados à mineração fazem parte desse contexto inacreditável, como o que pode ser observado nas fotografias da cratera Lobachevsky, que apresenta em sua encosta uma grande área escavada, cujos sinais de retirada de material geológico podem ser constatados ao redor da região, que teve seu terreno manipulado em grande escala.

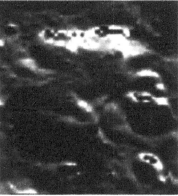

Estruturas artificiais podem ser observadas nessa outra fotografia da espaçonave militar Clementine. Na parte superior são visíveis edificações de forma aparentemente retangular de dimensões variadas. Já na área inferior direita podemos constatar a existência de duas cúpulas, ou domos. Infelizmente as fotos liberadas que apresentam as principais evidências da atividade alienígena foram disponibilizadas com baixa definição (Naval Research Laboratory - NASA. Arquivo Petit).

Existem algumas fotografias obtidas pela Clementine, que são realmente impressionantes, nas quais observamos conjuntos de estruturas, que cobrem vários quilômetros de extensão.

Outro detalhe que gostaria de ressaltar é a existência, em inúmeros pontos de nosso satélite, de estruturas menores, mas que medem centenas de metros de extensão, semelhantes aos hangares utilizados para guardar aviões e helicópteros em bases militares. Eu já detectara, em algumas fotografias do projeto Apollo 17, estruturas com esse padrão, mas a sua existência se tornou mais evidente nas imagens da Clementine. Eu mesmo descobri, entre as 180 mil fotografias que foram liberadas (apenas 10% do total), um complexo de estruturas artificiais, formado por objetos ou construções desse tipo, associadas a cúpulas ou domos. Apesar de a definição ser baixa, não resta dúvida da natureza artificial de tais construções.

Interior das crateras

Outro tipo de evidência da presença alienígena é a existência de estruturas no interior de determinadas crateras, inclusive

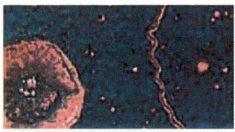

Esferas interligadas no interior da cratera Proclus em uma das fotografias obtidas pela espaçonave Clementine (Naval Research Laboratory - NASA. Arquivo Petit).

algumas já conhecidas desde que os chamados fenômenos transitórios lunares começaram a ser estudados, como a cratera Proclus, situada próximo à margem oeste externa do mar das Crises.

O que chama atenção no interior das crateras, que apresentam essas anomalias, é a impossibilidade de explicar dentro da fenomenologia associada aos próprios impactos dos grandes bólidos, que geraram essas depressões na superfície lunar, o que pode ser observado e constatado no interior dessas crateras.

No caso de Proclus, que possui um diâmetro de aproximadamente 28 km e profundidade de cerca de 2,4 km, observa-se uma grupo de estruturas semelhantes a grandes esferas interligadas no centro desse círculo. Um complexo de estruturas que, de forma alguma, pode ser explicado por qualquer tipo de impacto que o tenha produzido.

O problema com algumas dessas fotografias é que os responsáveis pelo programa Clementine disponibilizaram várias imagens com níveis baixos de definição, impedindo, assim, um processo de ampliação apurado, que poderia revelar detalhes que favorecessem uma interpretação mais definitiva da real natureza ou função dessas estruturas.

Apesar da existência de várias fotografias documentando esses sinais na face lunar voltada para a Terra, muitas vezes, justamente nas áreas onde sempre se concentraram os chamados fenômenos transitórios lunares, as imagens da Clementine não deixam dúvida: os grandes complexos de estruturas e as maiores edificações estão na face oculta da Lua ou nas regiões polares. Algumas dessas "coisas", se estivessem na face voltada para a Terra, seriam vistas a partir de nosso planeta, com nossos telescópios, tamanha a grandeza do que já foi documentado na face lunar oposta à posição de nosso planeta.

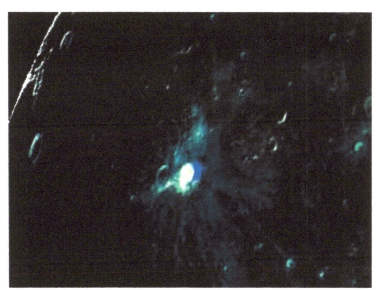

A cratera Aristarchus fotografada pela Clementine. No momento em que foi obtido esse registro ela tinha seu interior totalmente iluminado por uma energia de origem desconhecida (Naval Research Laboratory. Arquivo Petit).

Outro aspecto surpreendente do conjunto de fotografias disponibilizadas relacionadas a esse programa militar é a documentação, ao longo dos dois meses de duração da missão, dos chamados fenômenos transitórios lunares. Eu mesmo localizei, recentemente, várias imagens, durante a fase de preparação deste trabalho, documentando essa realidade.

Essas fotografias, mais do que especiais, mostram diversas regiões lunares emitindo luz de uma maneira difícil de entender, se não buscarmos um relacionamento direto desses fenômenos com a presença alienígena. O caso mais impressionante, entretanto, já era do meu conhecimento e de outros pesquisadores há mais tempo. Trata-se de uma sequência de fotografias obtidas pela espaçonave quando sobrevoava a região da cratera Aristarchus. Tais fotografias foram feitas durante a noite, ou seja, quando a região e a cratera, que é recordista nos chamados LTPs, não estavam iluminadas pelos raios solares.

A documentação fotográfica conseguida pela Clementine mostra a existência de uma cobertura, ou cúpula energética, cobrindo a totalidade da depressão (cratera), deixando invisível o solo da cratera. Mas as imagens não revelam apenas isso. Essa cúpula de energia luminosa está subdividida seguindo um padrão geométrico, que confere ao fenômeno uma origem inteligente. Depois de ter contato com várias evidências da presença alienígena na Lua, provenientes da espaçonave da missão mais misteriosa já enviada ao nosso satélite natural, não há como deixar de perceber e refletir sobre o mundo e, principalmente, o tipo de sociedade em que cada um de nós vive, na qual apenas uma pequena elite sabe o que de fato está acontecendo e sendo documentado pelo programa espacial norte-americano.

Outras missões

Com o fim da missão Clementine, houve novamente uma grande lacuna, até que novos projetos de exploração lunar viessem a se tornar realidade, mas obedecendo exclusivamente ao princípio de espaçonaves não tripuladas. Haveria impedimento para qualquer tipo de projeto que pretendesse colocar representantes de nossa civilização na superfície lunar? O que teria acontecido com os programas da NASA que pretendiam o estabelecimento de bases semipermanentes na Lua?

Em 14 de setembro de 2007, era lançada, rumo à Lua, do Centro Espacial Tanegashima, no Japão, a espaçonave Selene. O projeto da Agência Japonesa de Exploração Aeroespacial seria apenas um dos que se seguiriam envolvendo artefatos espaciais da China e Índia.

A exploração lunar estava deixando de ser um privilégio de norte-americanos e russos. Não há dúvida de que as missões dessas nações, começando pela Selene, ampliaram as descobertas, mas a divulgação das fotografias obtidas progressivamente por esses países e seus centros espaciais ainda hoje está longe de atingir a abertura propiciada pelos norte-americanos. Na verdade, um número irrisório de documentação foi disponibilizado. Mesmo assim, eu consegui identificar outras evidências da presença de estruturas artificiais na documentação liberada pela agência japonesa e mesmo no material disponibilizado pelos indianos.

A fraude do outro lado

Ao mesmo tempo em que novas imagens iam surgindo, mediante os projetos de exploração de outras nações, corroborando a realidade da presença alienígena em nosso satélite, passou a haver um incremento na geração de fotografias falsas, ou simplesmente a sobreposição do que seriam estruturas, ou bases alienígenas, em imagens reais, que, entretanto, não apresentavam esse tipo de evidência.

Um dos casos mais significativos desse tipo de adulteração continua a ser veiculado por muitos como um documento autêntico da presença extraplanetária, apesar das evidências em contrário.

Esse caso, apesar de sua base falsa, repercutiu tanto que foi notícia em alguns dos principais portais jornalísticos no Brasil e exterior. A história dessa polêmica fotografia está associada ao Dr. Michalel Salla, que teria recebido a imagem de uma fonte ainda não identificada até o momento que escrevo estas linhas. A "descoberta" dessa base alienígena supostamente operacional estaria relacionada à espaçonave chinesa Chang'e-2, e a foto-

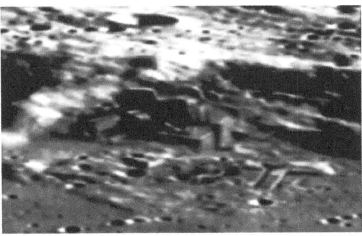

A polêmica imagem distribuída pelo Dr. Michael Salla de uma suposta base alienígena fotografada pela espaçonave chinesa Chang'e-2, que teria sido obtida em outubro do ano de 2010. O autor descobriu evidências definitivas que se trata de uma fraude. A imagem original da superfície lunar foi tomada na verdade pela espaçonave norte-americana Lunar Orbiter 3, no ano de 1967. Sobre essa foto foi "construída" a falsa base (Michael Salla. Arquivo Petit).

Presença Alienígena na Lua

grafia teria sido obtida em outubro de 2010. Eu mesmo cheguei a apresentar essa imagem no final de uma de minhas conferências, na época em que a divulgação desse documento visual teve início, mas com o alerta de que eu ainda não havia conseguido localizar a imagem original no site da agência espacial responsável pela missão ou em qualquer outro que servisse de base para certificar sua autenticidade.

Entretanto, uma análise mais cuidadosa da imagem revela algumas contradições na própria história. O ponto inicial para o descarte dessa nova "evidência" está associado à qualidade da fotografia ou à sua definição. Há uma diferença sutil na definição da imagem da suposta estrutura alienígena e o restante da área lunar, apesar de algum cuidado por parte dos mistificadores envolvidos. Mas o ponto definitivo para o desmascaramento desse documento foi a localização da imagem original, que serviu para sobreposição, nessa mesma fotografia, da imagem falsa da suposta base extraterrestre.

O surpreendente é que os responsáveis por essa manipulação escolheram como imagem base para colocação da "estrutura alienígena" uma fotografia do programa Lunar Orbiter, que, como vimos, forneceu uma série de evidências definitivas da ocupação da Lua por forças alienígenas, só que, nesse caso específico, a fotografia original não revela nada de significativo.

Especificamente, a imagem original na qual foi sobreposta a citada estrutura, em vez de ser, como amplamente foi e continua a ser apresentada, uma imagem da espaçonave chinesa Chang'e-2, foi obtida pela Lunar Orbiter 3 em fevereiro de 1967. É por conta disso que a fotografia possui baixa definição, se comparada às atuais da missão espacial que se aproximou de nosso satélite em 2010.

Verificação pessoal

Conforme pude verificar pessoalmente, trata-se da imagem LO3-085_med. Antes que alguém lance a ideia de que a fotografia original, que localizei e estudei no portal do Lunar and Planetary Institute, tenha sido manipulada pela NASA, para apagar a presença da suposta base alienígena, revelo que não existe qualquer sinal na fotografia original que justifique uma especulação desse tipo ou uma possível manipulação do original pela agência espacial norte-americana com esse objetivo, o que em outras fotografias realmente aconteceu. Essa fotografia serve como exemplo e alerta do que pode ser encontrado em inúmeras páginas particulares, onde a seriedade passa longe, e que não merecem a menor credibilidade.

Ao longo de quase uma década de investigações sobre a presença extraterrestre nas imagens espaciais, na atual fase que me dedico ao assunto, o presente caso é apenas um dentre tantos, em que pessoas movidas pelos mais diferentes motivos produziram imagens falsas de instalações alienígenas na Lua, em Marte ou outros pontos do sistema solar, atribuindo a essas imagens o caráter de documentos oficiais de agências espaciais.

Intercâmbio de segredos lunares

Voltando a tratar do material que possui origem estabelecida e que aponta evidências da presença alienígena, não tenho dúvidas a respeito da passagem de informações dos norte-americanos, por meio de sua agência espacial, para os japoneses. Acontece também, com toda a certeza, intercâmbio entre a Agência Espacial Europeia e a NASA no mesmo nível em que soviéticos e norte-americanos se viram forçados a praticar depois das primeiras grandes descobertas sobre a presença alienígena em nosso satélite. O mesmo, entretanto, poderia não ser realidade com os chineses.

O envolvimento de outras nações na exploração lunar acabou propiciando o lançamento de novas espaçonaves norte-americanas, e a Lua passou a receber uma sucessão de programas que revelariam novas evidências dentro de nossa área de interesse.

Devido à limitação da documentação disponibilizada pelas potências emergentes na área espacial, permaneci quase que exclusivamente focado nos sites das missões norte-americanas. Apesar da falta de declaração oficial, que mesmo de longe lembrasse a realidade do material fotográfico disponibilizado, esses endereços continuaram a fornecer imagens preciosas.

Capítulo 6
As missões LRO e Lunar CRater Observation and Sensing Satellite

Em 18 de junho de 2009, a agência espacial norte-americana lançou simultaneamente, da estação de lançamentos da USAF, em Cabo Canaveral, por meio do foguete Atlas V 401, as espaçonaves não tripuladas Lunar Reconaissance Orbiter (LRO) e Lunar CRater Observation and Sensing Satellite (LCROSS). A missão conjunta dessas duas espaçonaves foi coberta de êxito, tanto nos aspectos científicos envolvidos como no aprofundamento do conhecimento sobre a presença alienígena, principalmente nas regiões polares de nosso satélite natural.

Do ponto de vista das informações passadas para a mídia, os objetivos com a LRO era ampliar o mapeamento lunar fotográfico, mediante imagens com 15 anos de desenvolvimento tecnológico desde a Clementine, que permitiria fotografar as regiões polares, revelando detalhes da superfície, inclusive das áreas que não são atingidas pelos raios solares, por falta de ângulo, permanecendo sempre sombreadas. Como na Lua não existe atmosfera que possa gerar refração da luz solar, essas regiões são totalmente escuras. Pode parecer ficção, mas a LRO fotografou, pela primeira vez na história, essas regiões, devido à luz residual das estrelas que atinge as áreas não iluminadas pela luz solar, usando uma tecnologia que capta o sinal de retorno na banda ultravioleta.

Devido à temperatura reinante nesses sítios, próxima do

chamado zero absoluto, a mais baixa possível no Universo, não havia sentido usar câmeras infravermelhas, a não ser que houvesse fontes de calor para serem documentadas. Mas essas áreas foram também fotografadas, com uso da tecnologia infravermelha. Por quê? Qual o sentido? O que poderia existir no fundo escuro das crateras situadas nas regiões polares de nosso satélite?

A espaçonave Lunar Reconaissance Orbiter descobriu e detectou novas evidências das atividade e presença extraterrestre no passado, e presente da Lua (NASA. Arquivo Petit).

Reconstituição da espaçonave Lunar CRater Observation and Sensing Satellite, e do Centauro, o terceiro estágio do foguete, que havia lançado a espaçonave em direção ao nosso satélite natural (NASA. Arquivo Petit).

Já a outra espaçonave, a Lunar CRater, cuja missão foi bem mais curta, estava associada diretamente à localização de água nessas mesmas áreas, especificamente na região da cratera Cabeus, que possui um diâmetro de 98 km, localizada próximo ao polo sul.

No dia 9 de outubro de 2009, enquanto a LRO permanecia em órbita lunar realizando o seu levantamento fotográfico, o último estágio do veículo lançador, conhecido como Centauro, foi enviado na direção do fundo da cratera para gerar uma explosão, resultando desse impacto uma nuvem de detritos e gases, que seriam analisados pela Lunar CRater antes que atingisse a superfície lunar, gerando outra explosão. Nos poucos segundos que antecederam o final da missão, a espaçonave conseguiu evidenciar a presença de água, confirmando que nas áreas escuras do polo sul existe uma quantidade expressiva do precioso líquido, ali presente em sua forma sólida (gelo).

Presença de UFO

A imagem é a "porta" no endereço eletrônico *http://lcross.arc.nasa.gov/impact.htm* para assistir o filme, que revela a aproximação da espaçonave Lunar CRater Observation and Sensing Satellite da superfície de nosso satélite natural, e a explosão provocada pelo impacto do Centauro no fundo da cratera Cabeus, que permitiu a descoberta de água congelada na região polar sul da Lua. É nessa mesma filmagem, que o autor acabou descobrindo a presença de um UFO, que se aproxima da espaçonave norte-americana (NASA - LCROSS. Arquivo Petit).

O que a NASA não divulgou e que eu acabei descobrindo ao examinar o filme que mostraria, segundo a agência espacial, apenas a aproximação da espaçonave e a explosão gerada pelo impacto do Centauro, visível na forma de uma pequena pulsação de luz no fundo escuro da cratera, foi a presença de um UFO.

Eu poderia ter deixado de lado a observação da sequência cinematográfica realizada com uma das câmeras infravermelhas da espaçonave após a detecção da explosão. Afinal, os créditos da filmagem davam a entender que nada mais havia para ser observado ou havia sido documentado. Mas algo me fez ficar em frente à tela do computador, observando apenas o fundo escuro da cratera (Cabeus). Essa atitude foi fundamental para que eu descobrisse, segundos depois da explosão gerada pelo Centauro, a presença de um objeto de forma esférica, que, aparentemente, saiu do fundo da cratera e começou a se aproximar da Lunar CRater. Esse UFO, que parecia ir quase que diretamente em direção à espaçonave, acabou por rumar para a direita, desaparecendo do campo da câmera. Logo em seguida, a filmagem foi cortada pela NASA.

Verifiquei e busquei todos os detalhes possíveis sobre essa filmagem e os últimos momentos da Lunar CRater nas páginas tanto da espaçonave como da Lunar Reconaissance Orbiter, para avaliar minha interpretação sobre o que havia observado quase que por um golpe de sorte. Descobri nos sites da agência espacial os dados necessários para confirmação de que a fonte de luz que havia se aproximado da Lunar CRater era de fato um OVNI (não restou alternativa). Pude calcular que, no momento do encontro com o UFO, a espaçonave estava cerca de 450 km de distância da superfície; portanto, não havia passado pela nuvem de detritos e gases, que, segundo informações da NASA, chegou a atingir 6 km de altura.

Em busca de confirmação

Outra informação que descobri na página da agência espacial é que os instrumentos da Lunar CRater estiveram operando até quase o último segundo antes do impacto com a superfície. Outro dado importante foi a informação de que no momento do impacto do Centauro, observado no filme, a espaçonave estava a cerca de quatro minutos de se espatifar contra o solo lunar. O problema é que o filme é cortado imediatamente após o desaparecimento do UFO, na marca de aproximadamente dois minutos, e ainda restavam, provavelmente, dois minutos de filmagem. Não existiria mais nada nesses dois minutos restantes e, por conta disso, a agência espacial, após nos permitir ver o OVNI, cortou sua exibição? Mas existe outra possibilidade. Será que nesses dois minutos finais, algo que não deveríamos ver foi documentado e, por isso, o filme não foi disponibilizado em sua totalidade? Isso não é uma mera especulação. O que revelam as fotografias tomadas também na banda infravermelha pela mesma espaçonave?

Em uma região que apresenta uma temperatura próxima do zero absoluto, a Lunar CRater conseguiu fotografar, além da cratera criada pelo impacto do Centauro, que, evidentemente, gerou por alguns minutos uma intensa fonte de calor, outros "alvos" misteriosos presentes no fundo da cratera, que brilhavam intensamente, revelando a presença de outras fontes energéticas, ou térmicas, que não podem ser explicadas por qualquer teoria que não leve em consideração a ideia de estruturas artificiais. A própria forma desses objetos (quase todos com o mesmo padrão) é muito semelhante às estruturas e construções observadas em outras regiões lunares, que foram fotografadas, por exemplo, pela Clementine, com câmera ótica convencional. A diferença, entretanto, nesse caso, é que as formas localizadas no interior da cratera Cabeus possuem dimensões claramente inferiores.

Em outra imagem obtida pela Lunar Reconaissance Orbiter, também da cratera Cabeus, com a tecnologia que permite a visualização das áreas escuras ou sombreadas da Lua, mediante a luz das estrelas, eu havia notado a presença de um objeto de padrão artificial alongado semelhante às formas detectadas pela câmera infravermelha da Lunar CRater. Esse objeto, cujo tamanho é bem superior, está situado próximo à área que foi bombardeada pela agência espacial com o impacto do Centauro. Parece claro que ambas as espaçonaves não estavam equipadas com dispositivos fotográficos infravermelhos por acaso. Além das necessidades científicas relacionadas ao processo de documentação da explosão que seria gerada pelo Centauro, devia haver a suspeita, por parte da agência espacial, de que algo mais do que água podia existir nessas áreas escuras, nas quais os raios solares nunca penetram.

Mistério na explosão

Outro aspecto que eu ainda não havia abordado, que parece envolver a presença alienígena na região lunar, em que houve o impacto tanto do Centauro como da espaçonave que faria a descoberta de água, é a informação que encontrei na página da agência espacial relacionada à missão da Lunar CRater: a detonação resultante do impacto do terceiro estágio do foguete lançador da espaçonave, mesmo atingindo a superfície de nosso satélite com a velocidade planejada pelos cientistas envolvidos com a missão, gerou uma explosão muito menor que a esperada. O potencial energético produzido de maneira totalmente surpreendente foi de apenas um décimo do que havia sido calculado.

Esse fato não permitiu que os efeitos do impacto do Centauro contra o fundo da cratera Cabeus fossem, por exemplo, observados da Terra, como estava planejado. Só foram detectados a partir da Lua, com as câmeras instaladas na Lunar CRater.

Intervenção alienígena

A NASA tinha tanta certeza de que a explosão atingiria uma magnitude muitas vezes superior que chegou a montar nos jardins da Casa Branca, sede do governo dos Estados Unidos, vários telescópios e tendas, para que o presidente Barack Obama e sua esposa, Michelle Obama, além de um número razoável de autoridades, observassem a explosão que seria produzida na busca de evidências de água. Mas isso não aconteceu e gerou algumas interrogações. Qual seria a explicação para esse fato inesperado? Houve algum tipo de interferência direta daqueles que já ocupavam a área que seria atingida de maneira mais violenta pelo impacto do Centauro?

Presença alienígena nos polos sul e norte da Lua

As imagens tomadas com diferentes tipos de câmeras tanto pela Lunar CRater como pela LRO revelaram que ambos os polos de nosso satélite estão repletos de estruturas artificiais de grande porte. Na região sul, por exemplo, em torno da cratera Shackleton, existe um complexo de estruturas artificiais com quilômetros de extensão, ocupando uma área superior à da própria cratera, que possui um diâmetro de 19 km. O surpreendente, nesse caso, é que essa imagem espetacular, que descobri no site dedicado à missão da espaçonave Lunar CRater, apesar de ter sido tomada pela LRO, aparece em destaque, para ser achada com facilidade. A própria Lunar CRater obteve uma fotografia impressionante, tomada quando ainda estava distante do solo lunar, revelando que em um dos bordos da cratera Cabeus, na parte externa ao seu círculo, existe uma estrutura muito semelhante às muralhas de algumas civilizações que existiram no passado em nosso planeta. O problema é que o exemplar lunar possui dezenas de quilômetros de extensão.

Mais fotografias

Após a descoberta de água e a destruição pelo impacto contra a superfície selenita da Lunar CRater, a LRO continuou a obter imagens impressionantes, documentando outros sinais da atividade alienígena na superfície de nosso satélite natural. Foram localizadas, nas imagens de outras regiões lunares, não só por este pesquisador como também por investigadores dos Estados Unidos, Europa e outros países dedicados ao mesmo tipo de busca, outras estruturas semelhantes a torres, ou obeliscos, inclusive com os já mencionados rastros de deslocamento causados pela movimentação desses objetos pela superfície.

Casualidade ou algo mais?

A imagem mais provocativa que tive oportunidade de ter contato nos últimos anos, relativa ao tema deste livro, curiosamente nunca apareceu, até que se prove o contrário, em qualquer dos catálogos de fotografias da agência espacial norte-americana. Não só eu, como os demais investigadores que seriamente pesquisam as páginas da NASA em busca de novas imagens relativas aos sinais da presença alienígena na Lua, ainda não a localizaram. Então, como ela foi achada? Onde foi acessada ou pode ser observada?

Imagem especial

Não se trata de uma fotografia supostamente vazada, que teria escapado de um arquivo classificado ou confidencial, como algumas que surgem periodicamente em sites particulares, que devem ser vistos com certa reserva. É claro que não descartamos a possibilidade, em tese, de alguma imagem mais contundente, relacionada ao assunto deste livro ou à presença alienígena em termos gerais em nosso sistema solar, ser subtraída de um hipotético arquivo secreto e ser divulgada. Entretanto, o que normalmente tenho verificado e minha experiência na área aponta para essa direção, é que praticamente todos os casos apresentados sob esse enfoque acabam sendo qualificados como fraude ou mistificação, e isso vale não só para fotografias como também para filmagens.

Entretanto, a fotografia a que estou dando destaque e está servindo de base para toda essa abordagem, mesmo não fazendo parte dos catálogos da agência espacial norte-americana, curiosamente pode ser vista em pelo menos em duas de suas páginas, como confirmei pessoalmente de forma inesperada.

Travei contato pela primeira vez com a história que envolve esse documento fotográfico pelo site Ufo Sightings Daily. Eu já havia visto a fotografia inúmeras vezes, ao explorar as páginas da NASA ligadas à missão da espaçonave Lunar CRater Observation and Sensing Satellite, mas não tinha me dado conta de sua importância para o meu trabalho de demonstrar os sinais da presença alienígena em nosso satélite natural.

A imagem em questão, que pode ser vista sem ampliação no endereço <http://www.nasa.gov/mission_pages/LCROSS/main/index.html>, no lado direito da página da agência espacial, trata-se da fotografia de um dos ambientes localizados no Ames Research Center, responsável pela missão da espaçonave que descobriu água no polo sul de nosso satélite. Na fotografia aparece o principal cientista envolvido com a missão, Dr. Anthony Colaprete, e sua companheira no projeto de exploração lunar, Dra. Kim Ennico. Mas, o que a imagem de dois cientistas da NASA tem que justifique tantas linhas escritas por este autor?

O mistério e a importância dessa história estão relacionados a uma fotografia impressa, que pode ser observada na imagem que descrevi, em cima de uma mesa presente no ambiente, onde são vistos vários computadores. Essa fotografia está depositada na referida mesa e está parcialmente bloqueada pelo braço esquerdo do principal cientista da missão. Uma imagem que, no tamanho e na definição iniciais em que é apresentada, não chama a atenção. Mas, se por interesse especial, ou mera intuição, resolvermos ampliar a fotografia utilizando os recursos que o site da NASA oferece, teremos uma surpresa.

Base alienígena

A fotografia, que, indiscutivelmente, é uma imagem do polo

sul de nosso satélite, revela uma estrutura gigantesca de base retangular, com muitos quilômetros não só em seu eixo maior como também de largura, além de uma altura maior, que contrasta com a média da região ao seu redor. Depois de ampliamos a imagem com a máxima definição disponibilizada, não é preciso realizar qualquer esforço para localizar essa construção gigantesca, que, se estivesse dimensionada na face de nosso satélite voltada para a Terra, seria observada por telescópios localizados na superfície de nosso mundo.

A questão que eu não poderia evidentemente deixar de levantar é se essa surpreendente fotografia aparece da forma que descrevemos no site da missão Lunar CRater por esquecimento ou se seu posicionamento sobre a mesa dos computadores da agência espacial foi algo proposital, para que alguém, mais cedo ou mais tarde, descobrisse a impressionante estrutura ou instalação alienígena.

Pelo que vimos nesta obra, tal possibilidade não deve ser descartada. Uma análise da estrutura relativa ao foco da câmera utilizada para obtenção dessa imagem reforça a segunda opção, pois o foco da imagem, ao utilizarmos a máxima definição, revela que ele está ajustado justamente para a região onde existe a instalação alienígena. Uma simples variação nesse tipo de detalhe, com um desvio da área centro do processo de focalização, impediria a constatação de que estamos diante de uma estrutura gigantesca e claramente artificial.

Também constatei outros sinais ou áreas do solo lunar, na mesma imagem, que apresentam padrões geométricos difíceis de explicar sob uma ótica que não envolva a presença e a atuação em larga escala de outras civilizações que estariam utilizando a Lua dentro de um programa, ou agenda, cujos objetivos apenas poderíamos especular.

Conclusão estarrecedora

Parece claro que as descobertas em nosso satélite natural possuem um único limite: nossa capacidade de dedicação em termos de tempo aos arquivos de imagens, que, principalmente a NASA, vem disponibilizando, em um gradual processo de abertura, para que cada um de nós possa encontrar e documentar a verdade da presença alienígena no passado e presente de nosso satélite natural.

Hoje, é difícil para este autor olhar para a Lua e imediatamente não ter a mente invadida pela noção de que não estamos sozinhos no Universo, e que, a menos de 400 mil km de distância, muito mais perto do que no passado poderíamos imaginar, existem bases, instalações gigantescas, ocupadas por povos cuja ciência e tecnologia parecem magia frente a nossos olhos.

A questão final e derradeira deixou de ser a discussão da existência ou não dessas instalações, ou presença alienígena em larga escala em nosso satélite natural. O que importa agora é descobrir como essa realidade vai interferir em nosso destino como humanidade e se os responsáveis pelo acobertamento mundial da presença extraterrestre serão sábios o suficiente para modificarem suas prioridades, preparando o homem, que está na Terra, para a verdade.

UFOs,
Espiritualidade e Reencarnação
MARCO ANTONIO PETIT
ISBN 85-7618-040-5
14x21cm – 192 p.

Depois de investigar durante quase três décadas o fenômeno UFO, buscando as evidências da presença de representantes de avançadas civilizações extraplanetárias no passado pré-histórico, histórico e no presente, que permitiram ao autor desenvolver sua teoria sobre a origem extraterrestre de nossa humanidade, defendida e divulgada em seus três livros anteriores, Petit apresenta de maneira clara e objetiva o relacionamento existente entre a presença dos extraterrestres e a evolução espiritual de nossa humanidade.

Além de apresentar evidências definitivas da própria existência do fenômeno dos discos voadores, relacionadas com os primórdios da investigação ufológica nos EUA, revelar os detalhes do caso Varginha, do qual participou como um dos principais investigadores, tendo acesso direto à testemunhas militares e civis, revela de maneira surpreendente tudo que os norte-americanos descobriram em Marte a partir de suas missões espaciais.

Mais o ponto alto desta obra é sem dúvida o resultado de suas incursões mais recentes dentro da área da espiritualidade, desenvolvidas mediante uma série de experiências pessoais, algumas vivenciadas durante o próprio desenvolvimento da parte final desta obra.

Pela primeira vez estão sendo revelados finalmente os objetivos que estão por trás das sucessivas intervenções extraterrestres na estrutura genética de nossa humanidade, realizadas através dos abduzidos, relacionados ao despertar espiritual de nossa humanidade. Depois de ler este livro o leitor não será mais o mesmo.

PRESENÇA ALIENÍGENA NA LUA
foi confeccionado em impressão digital, em outubro de 2024
Conhecimento Editorial Ltda
(19) 3451-5440 — conhecimento@edconhecimento.com.br
Impresso em Luxcream 80g. — StoraEnso